Curso de Consultoría TIC.
Gestión, Software ERP y CRM

Antonio Valle

Alejandro Puerta

Roberto Núñez

IT **Campus**
Academy

ISBN: 978-1542964517

TABLA DE CONTENIDO

GESTIÓN DEL CONOCIMIENTO Y TECNOLOGÍAS DE APOYO

La constante evolución en el área de la tecnología de la información (TI) hace que esta zona se vea de forma íntegra y no fraccionada. El entorno empresarial se ha vuelto cada vez más complejo, exigiendo el cambio. Las organizaciones definen el conocimiento como más importante que el capital, el trabajo y los recursos naturales. Según Terra y Gordon, esta visión del conocimiento como factor clave de éxito, junto con los grandes avances de la tecnología de la información, dio lugar a la aparición de la Gestión del Conocimiento. Para Terra, el conocimiento es la información interpretada, por lo que la simple transferencia de información no constituye un mayor conocimiento o competencia. Sin conocimiento no hay innovación y sin innovación no hay éxito en el entorno de la organización. Podemos ver entonces que ambos son interdependientes y necesarios para agregar valor. Con eso las tecnologías de la información pueden apoyar el valor del conocimiento, teniendo prácticas directamente relacionadas con este fin.

La relación de la tecnología de la información y la gestión del conocimiento causa impacto entre dos escuelas de pensamiento. O'Dell afirmó que la gestión del conocimiento puede tener éxito sin la tecnología de información siendo utilizada sólo cuando es necesario. Por otra parte, Duffy sostiene que la tecnología de la información se ha convertido en importante debido a la globalización y que la tecnología por sí sola no puede desempeñar ningún papel para capturar, gestionar y explotar el conocimiento que existe dentro y fuera de las organizaciones. El autor afirma que la combinación de la tecnología y el capital humano generan las actividades de gestión del conocimiento con el apoyo de la tecnología de la información.

SISTEMA DE INFORMACIÓN

Los sistemas de información existen por la necesidad de contar con instrumentos para capturar, procesar, interpretar y proporcionar información para la toma de decisiones y el seguimiento de la organización. Estos sistemas de información han pasado de ser una herramienta de pasiva de automatización a dispositivos de transformación de estructuras organizativas, haciéndolas más competitivas. Actualmente, estos sistemas son flexibles y de fácil integración en varias plataformas, sin comprometer el rendimiento deseado.

Según Serrano, Guerreiro y Caldeira, la gestión del conocimiento muestra que la información puede ser entendida como incremento del conocimiento que puede inferirse mediante el análisis de los datos tratados adecuadamente. Cuento más completo y estructurado fuera el sistema de información, comprendido como un conjunto de recursos humanos y técnicos, datos y procedimientos articulados entre si con el fin de proporcionar información útil para la gestión de las actividades de la organización en el que opera, más flexible será la organización. Según Laudon (2007):

Un sistema de información puede ser definido técnicamente como un conjunto de componentes interrelacionados que recogen (o recuperan), procesan, almacenan y distribuyen información para apoyar la toma de decisiones, la coordinación y el control de una organización.

Rezende y Abreu clasifican los sistemas de información de varias maneras. Para los autores existen los sistemas de apoyo a las decisiones; sistemas operativos, administrativos y estratégicos, organizativos; personales, de un grupo o departamento; inter organizacionales y sistemas de información, manuales, mecanizados, informatizados, automatizados, de gestión y estratégicos. Estos sistemas comprenden, de cierta forma, acciones para el conocimiento, existentes en la gestión del conocimiento, para así poder introducir las prácticas que se presentan a continuación en estos modelos.

PRÁCTICAS DE GESTIÓN DEL CONOCIMIENTO

Se entiende que la competitividad de las organizaciones es el resultado del conocimiento, la productividad y la aplicación de prácticas de gestión del conocimiento. Autores como Drucker y Davenport afirman que las buenas iniciativas y prácticas de gestión del conocimiento contribuyen a la sostenibilidad de las ventajas competitivas de las organizaciones que las llevan a cabo. Nonaka y Takeuchi argumentan que la correcta aplicación de la creación de conocimiento es la adopción de prácticas de gestión y en la percepción de Probst, Raub y Romhardt, las mejores prácticas "sólo se pueden difundir a través de diferentes áreas de la empresa si se comparten y distribuyen sistemáticas del conocimiento". Es necesario sistematizar este proceso mediante la identificación, registro y difusión de las mejores prácticas posteriormente.

GESTIÓN DE LA RELACIÓN CON EL CLIENTE

Davenport nos muestra que la organización necesita tener conocimientos sobre sus clientes para crear las condiciones de oferta de productos y servicios adecuados a sus necesidades. Kotler y Armstrong nos dicen que algunas empresas están aumentando expectativas y encontrando formas de asegurar su rendimiento superior a través de la satisfacción del cliente.

Debido a esto, es necesario identificar los eventos que determinan las necesidades cambiantes para que cada vez más, la industria pueda participar en la vida de cada uno de los clientes cumpliendo sus objetivos. Zenone presenta la gestión de la organización con un enfoque en el cliente dividido en tres procesos: PRM – proceso de relación de mercado; PAM - proceso de servicio al mercado; PPV - proceso de postventa. En estos casos, el autor aplica el concepto de CRM – Customer Relationship Management, ERP - Enterprise Resource Planning y SCM - Supply Chain Management.

El proceso de relacionarse con el mercado es la base de información para el marketing relacional. Este se compone de la unión de la estrategia de relación y la tecnología. El proceso de servicio de mercado transforma la información en conocimiento y, por lo tanto, en valor en el mercado. Finalmente, el proceso de post-venta se entiende como servicio al cliente - SAC.

En esta etapa, la empresa pone en práctica todas las actividades definidas en el desarrollo de la estrategia de relación. Bretzke afirma que CRM es una estrategia basada en un conjunto de conceptos, herramientas, procesos, software y hardware que admiten medios para que la industria pueda satisfacer a sus clientes en tiempo real, con la información difundida en todos los departamentos, por lo que el cliente puede ser tratado de manera diferenciada en cualquier sector en el que fuera atendido.

Swift dice que el CRM es un enfoque empresarial para comprender e influir el comportamiento del cliente a través de comunicaciones significativas para mejorar las compras, la retención, la lealtad y la rentabilidad. Asimismo, el autor presenta el proceso de CRM de forma interactiva donde se transforma y manipula la información del cliente a través del uso activo y del aprendizaje a partir de la información.

La gestión de las relaciones con los clientes no es un producto o servicio específico, sino una estrategia cuyo objetivo es transformar los procesos de negocio para ahorrar y conseguir más clientes, con el apoyo de herramientas tecnológicas. La base de datos referente al conocimiento de las necesidades de los clientes debe estar disponible para todos en la organización. Poder compartir y fácil acceso a los conocimientos harán que esta gestión se vuelva sencilla, con la participación de todas en la realimentación de esta base de conocimiento y crear una condición para canalizar esfuerzos que siempre busquen al cliente y sus necesidades.

Entonces se puede decir que la gestión de las relaciones con el cliente eficaces en la organización puede llevarla al éxito.

GESTIÓN DE DOCUMENTOS ELECTRÓNICOS

La gestión electrónica de documentos es también conocida como GED. La GED busca gestionar el ciclo de vida de la información desde su creación hasta su presentación. La información puede estar originalmente en medios analógicos o digitales en todas las fases de su vida. Pueden ser creadas en papel, revisadas en papel, procesadas a partir de papel y archivadas en papel "(Koch, 1998). El GED envuelve todas las actividades relacionadas con el control y el acceso documental de la industria. Baldam clasifica los sistemas de GED en seis tecnologías:

- El procesamiento, archivo y recuperación de documentos;
- Procesamiento de formularios;
- Flujo de trabajo – Workflow;
- Gestión de documentos;
- RIM - Registros y Gestión de la Información – Records and Information Management;

- ERM - Enterprise Report Management;

Davenport y Prusak afirman que la gestión electrónica de documentos son repositorios de conocimientos explícitos y estructurados. Todos los sistemas de GED se dedican a la dimensión explícita del conocimiento, centrándose en su codificación y transferencia (Carvalho).

BUSINESS INTELLIGENCE

Business Intelligence es una metodología de gestión aplicada por herramientas de software, con el fin de generar ganancias en los procesos de toma de decisiones en todos los niveles de gestión de la industria. Basándose principalmente en la capacidad analítica de las herramientas que integran en un solo lugar toda la información necesaria para la toma de decisiones. Hoy en día, las organizaciones recopilan información para evaluar en su conjunto el entorno empresarial. El análisis de las ventas y de los competidores se acumula para obtener ventaja competitiva generando así un núcleo de competencia. En este contexto, en la gestión organizacional, Cavalcanti define como:

Un concepto actualizado que va más allá de la gestión empresarial. Consiste en la utilización de productos y soluciones con tecnologías analíticas avanzadas para transformar los datos en información que ayude a los distintos niveles de la organización en la toma de decisiones y otras contribuciones, casi todas en el análisis de estrategias.

La información vital para la toma de decisiones estratégicas se oculta en miles de tablas y archivos, conectados por relaciones correlaciones transaccionales en una organización inadecuada para el establecimiento de las decisiones.

El objetivo final de las técnicas de BI en este contexto, está exactamente en la definición de normas y técnicas para el formato correcto de estos volúmenes de datos, con el fin de convertirlos en depósitos estructurados de información, independientemente de su origen Rezende.

Los softwares de BI y otras tecnologías para capturar, almacenar, analizar y generar información o conocimiento contribuyen para alcanzar el punto óptimo de la decisión cuando ellas así lo necesitaran. El concepto de BI se basa en el software y las aplicaciones. El BI tiene como principales características;

- El reconocimiento de la experiencia;
- El análisis de datos contextualizados;
- La capacidad de extraer e integrar datos de múltiples fuentes;
- El procesamiento de los registros obtenidos en información útil para el conocimiento del negocio;
- La búsqueda de relaciones de causa y efecto, trabajando con hipótesis y desarrollando estrategias y acciones competitivas.

Como nos orientan Santos y Ramos los sistemas de BI contribuyen a: 1 - Aumentar la inteligencia colectiva de la organización en la medida en que facilitan la construcción del conocimiento necesario para planificar e implementar soluciones a los problemas y desafíos que se perciben que pueden amenazar la supervivencia y bienestar de la organización. 2 - Aumentar la capacidad de aprendizaje de la organización en la medida en que contribuyen para cambiar y perfeccionar la forma como colectivamente los agentes de la organización captan, comprenden y se comportan con el fin de dar cabida a la experiencia de trabajo en continua remodelación. 3 - Aumentar la creatividad organizacional para apoyar la producción de nuevas ideas y productos o servicios que permiten a la organización adaptarse dinámicamente a los retos y las oportunidades internas y externas. Más adelante trataremos de nuevo este tema.

PORTALES DE CONOCIMIENTO CORPORATIVO

Los portales corporativos son el punto de acceso de las organizaciones a sus empleados, socios y clientes. Con el advenimiento de las tecnologías de la información y de Internet destaca el entorno virtual, donde grandes cantidades de información están disponibles. El portal de la empresa es uno de los primeros puntos de acceso del usuario a la organización. Según Terra y Bax, los portales de conocimiento corporativo, también llamados de EIP´s, Enterprise Information Portals, son aplicaciones, visualmente similares a los portales que se encuentran en Internet. Sin embargo, estos portales se destacan por aplicaciones más complejas que se explican por el apoyo de la misión, las estrategias y objetivos de la organización contribuyendo así a la creación y gestión de un modelo de negocio.

El objetivo principal es promover la eficiencia y la ventaja competitiva de la organización. El objetivo es entonces presentar la información por un solo punto de acceso, lo que le da el signo de "portal", ofreciendo aplicaciones e información personalizada, esenciales para la toma de decisiones en los niveles estratégico, táctico y operativo.

Conectt, muestra que el concepto de portal de conocimiento corporativo se desarrolló debido a la rápida evolución de la tecnología relacionada a las intranets y a la gestión del conocimiento. Se puede decir que el portal corporativo es un aliado de la gestión del conocimiento, desarrollado para aprovechar en las organizaciones el tamaño del conocimiento como un activo empresarial.

El portal debe ser un entorno en el que toda la información necesaria para los procesos esté disponible en una aplicación que integra todas las otras disponibles en la organización.

Según Días, son requisitos mínimos de un portal de conocimiento corporativo: ser fácil para los usuarios ocasionales; clasificación y búsqueda intuitiva; intercambio cooperativo; conectividad universal a los recursos de información; acceso dinámico a los recursos de información; enrutamiento inteligente; herramienta de inteligencia empresarial integrada; arquitectura basada en servidor; servicios distribuidos; definición flexible de permisos de acceso; interfaces externas; interfaces programables; seguridad; fácil de administrar, fácil personalización y personalización.

MEDIOS DE COMUNICACIÓN SOCIAL

El concepto de GC gana fuerza en la forma de medios de comunicación social. Esta herramienta se ha convertido en una práctica muy común debido a la conectividad de los empleados de la era del conocimiento. Las herramientas tecnológicas de colaboración - redes y medios sociales, blogs corporativos, chats, wikis, intranets - son parte del cambio de la cultura del siglo XXI y se aprovechan de la buena voluntad de compartir datos, información y conocimiento.

Con la llegada de la web 2.0 y el alto grado de intercambio de información / conocimiento, las empresas encuentran en la creación de redes sociales una fuente generadora de ventajas competitivas. En este escenario, en el que el conocimiento se ha convertido en una fuente de ventaja competitiva, destacan los medios de comunicación social, donde las personas y las organizaciones se relacionan centradas en la potencialización del conocimiento.

Estas redes sirven como instrumento para la adquisición, intercambio y difusión de conocimientos entre sus empleados en la búsqueda de un mejor rendimiento y eficiencia (Azevedo y RODRIGUEZ).

Según Fusco, los consumidores que previamente recibieron información de las organizaciones y de la marca dejan de existir para convertirse en co-responsables de la reputación del producto. El autor cuestiona el valor de una opinión positiva que un consumidor coloca en Twitter en una tarde de un lunes y muestra que actualmente hay una legión de consumidores que intercambian opiniones con gente acerca de productos, servicios y organizaciones. Un apretón de manos es efímero, sin embargo, una conexión en una red social como Orkut, Facebook o LinkedIn, es duradera (Fusco).

Según Fusco, una de las principales razones por el interés en las redes sociales es el poder de atracción que ejercen. Para el autor, en las redes las marcas no pueden reproducir el mensaje concebido por los vendedores y anunciantes. Deben hablar con los consumidores, leer mensajes y responder a las preguntas, alabando y aceptando las críticas. Otro factor clave en las redes sociales es la comprensión del estilo de vida de los consumidores. Esto es en parte debido al hecho de que toda red tiene un perfil donde el usuario se presenta de forma general. Toda esta interacción también puede resultar en ayuda a mejorar los productos y servicios.

La interactividad y la comunicación con los clientes, socios, proveedores y competidores, muestran un gran potencial para la comprensión de las perspectivas del mercado, la identificación de oportunidades y reducción en los costes de desarrollo.

También se puede decir que los medios de comunicación social ofrecen mayor entorno de interacción y colaboración entre los empleados. Terra propone que las herramientas sean implantadas en los lugares de trabajo, donde las empresas globales están más cerca y el empleado que antes era proveedor de información sea generador y agregador de conocimiento. Según Costa, los medios sociales son herramientas poderosas para proliferar el conocimiento individual, y así contribuir a la construcción del conocimiento organizacional.

El crecimiento en el uso de las redes sociales como LinkedIn, Twitter, Facebook y Youtube, proporcionan una interacción de intercambio de información entre los individuos. Visto esto, la gestión del conocimiento se aplica en los medios sociales siendo un factor relevante para la comprensión de cómo la industria puede ser más competitiva mediante la información compartida por la cadena.

INTELIGENCIA COMPETITIVA

La Inteligencia Competitiva genera información constante en el entorno externo de las organizaciones en busca de información valiosa para la actividad estratégica. La Society of Competitive Intelligence Professionals - SCIP, organización global sin ánimo de lucro, define la inteligencia competitiva (IC) como "el proceso de recogida, análisis y difusión ética de inteligencia relevante, actualizada, visionaria y viable con respecto a las implicaciones del entorno empresarial, la competencia y la propia organización" (Miller).

Riccardi y Rodrígues comentan que la inteligencia competitiva ayuda en el proceso de recogida, procesamiento y distribución de información para personas de confianza que tienen habilidades especiales y críticas dentro de la organización. Wanderley trata de mostrar una visión puramente de mercado para el tema explicando que la inteligencia competitiva surge de la necesidad de obtener ventaja en el mercado.

Esta ventaja se reduce a mantener constantemente monitoreado el entorno de actuación, mediante la recopilación, análisis y validación de información sobre los competidores, clientes, socios, y busca reducir los riesgos en la toma de decisiones.

Miller nos muestra que los datos organizados se convierten en información y que esta información, una vez analizada, se convierte en la inteligencia. El autor también presenta un modelo basado en la política de SCIP que incluye cuatro fases de la inteligencia:

1. Identificación de los profesionales responsables de las decisiones y sus necesidades en materia de inteligencia;
2. Recopilación de información;
3. Análisis de la información y su transformación en inteligencia;
4. Difusión de la inteligencia entre los responsables de las decisiones.

El mismo defiende el proceso mismo que esta estructura implica en cambios de conducta, culturales y estructurales de la organización (Miller, 2002, p. 54). Barbieri nos ayuda a finalizar el tema mostrando que la inteligencia competitiva se considera un paraguas conceptual, visto que busca la captura de datos, información y conocimiento que permitan a las empresas competir con más eficacia en un enfoque evolutivo para el modelado de datos, capaces de promover la estructuración de la información en depósitos retrospectivos e históricos, que permite su modelado mediante herramientas analíticas.

Su concepto es amplio e incluye todas las características necesarias para la transformación y el suministro de información al usuario. Vale recordar la contribución de Maturana que cuestiona la visión de la inteligencia como un atributo y propone que se estudie como se genera el comportamiento inteligente y la preocupación del comportamiento con la ética.

LA TÁCTICA EN LA GESTIÓN

La TI (Tecnología de la Información) mantiene relaciones con la empresa a través de los diversos servicios ofrecidos, sin embargo, sólo hay una vía que conecta la tecnología al negocio: la táctica.

La gestión de servicios en la TI se posiciona en dos niveles diferentes: uno operacional y uno táctico. El nivel operacional está en la base de la pirámide corporativa y representa, como el nombre ya dice, las actividades que operan los servicios. El nivel táctico está inmediatamente por encima del nivel operacional y su función es buscar el alineamiento de las acciones operacionales con los objetivos del negocio.

Esa utilidad hace que el nivel táctico esté inmediatamente por debajo del nivel estratégico, nivel de competencia de la gestión del negocio y que envía las directrices que la directiva definió en la misión de la empresa. Eso quiere decir que está en esa frontera de relación en que la gestión de la TI conversa con el negocio, traduciendo el mundo de las ideas hacia el mundo práctico.

En el libro Gestión de Servicios de TI en la Práctica, Ivan Magalhães y Walfrido Brito ilustran esa relación en niveles en la pirámide que se muestra a continuación.

Podemos leer la pirámide que acabamos de ver de la siguiente manera: La misión aclara los propósitos de la empresa, su razón de existir, pero para un correcto cumplimiento necesita definir las estrategias de acción que serán traducidas en procesos tácticos que delinearán esfuerzos operacionales.

En la TI, el nivel operacional siempre existe, eso es porque las actividades que se desempeñan son de esa naturaleza, como el tratamiento de incidentes, la solución de problemas, el control de liberaciones, la gestión de los cambios y de las configuraciones. Por el mismo motivo, es en ese nivel donde la TI se ve con más facilidad.

Al contrario del operacional, el nivel táctico desempeña una función cuya virtud está oculta y, por eso, es fácilmente ignorada en los procesos diarios. En ese hecho reside el gran desafío en la gestión de la TI. Los procesos tácticos reúnen acciones de control de niveles de servicio, de capacidad de la infraestructura, planificación financiera y las estrategias de continuidad operacional. Es decir, acciones que no son indispensables para ver girar la rueda pero que son de vital importancia para no perder la fuerza del giro.

El esfuerzo continuo del nivel táctico sirve para garantizar que haya planificación en las tareas cotidianas de la TI, pues, el nivel operacional suele ser más reactivo a las demandas diarias. En otras palabras, el nivel táctico es el cerebro y el nivel operacional son los brazos.

Una correcta comprensión estratégica requiere de la existencia de procesos tácticos para guiar al área operacional. En la TI, esa preocupación es rara. Normalmente, las acciones estratégicas son delegadas directamente al operacional por las urgencias inherentes al negocio, es decir, por pura incompetencia en la gestión.

INTRODUCCIÓN AL BSC EN LA GESTIÓN DE LA TI

¿QUÉ ES EL BSC?

El BSC (Balanced Scorecard ó Indicadores Balanceados de Rendimiento) es un framework que tiene el objetivo de ayudar a las organizaciones a transformar sus estrategias en objetivos operacionales, construyendo un guión para la consecución de resultados en los negocios y suministrando caminos para alcanzar el rendimiento deseado; desarrollado por los profesores de la Harvard Business School, Robert Kaplan y David Noron, en el año 1922, está siendo utilizado por organizaciones públicas, privadas y ONG's. Fue escogida como una de las prácticas de gestión más importantes y revolucionarias, por la revista Harvard Business Review.

Orientado hacia una metodología de Visión y Estrategia con base en la estrategia global de la empresa, los requisitos para la definición de estos indicadores buscan maximizar los resultados esperados de la administración por medio de un conjunto diversificado de medidas, organizadas en cuatro perspectivas:

- Financiera: para tener éxito en esta perspectiva, es necesario un "informe" de la estrategia, comenzando por los objetivos financieros a largo plazo y relacionarlos a las acciones que necesitan ser llevadas a cabo. El principal objetivo de la organización es obtener retornos financieros sobre el capital invertido, siendo así, el indicador financiero se hace fundamental para la conclusión de las consecuencias inherentes a las acciones de la organización, buscando un posicionamiento notable ante los inversores.

- Clientes: esta perspectiva traduce la misión y la estrategia de la organización en objetivos específicos para determinados segmentos, permitiendo también identificar y evaluar las propuestas de valor. Sabemos que las empresas, cada vez más, se vuelcan en la búsqueda de la satisfacción de los clientes. Para eso, es necesario un conjunto de indicadores relativos al mercado y a los (potenciales) clientes, estableciendo una relación confiable y proporcionando a estos una buena visión acerca de la organización.

- Aprendizaje y Crecimiento: es la habilidad de la organización de innovar, mejorar y progresar. Finalmente, aprender es crecer. Esta perspectiva presenta objetivos basados en la capacidad de los colaboradores, motivación, empowerment y alineamiento.

- Procesos Internos del Negocio: es el análisis de los procesos internos de la organización, incluyendo la identificación de los recursos y de las capacidades necesarias para la elevación interna de la calidad. Para el BSC, los procesos internos incluyen también la innovación, operaciones y el servicio de venta. Así, las organizaciones pueden satisfacer a sus clientes y alcanzar la ventaja competitiva en el mercado.

IMPLEMENTAR EL BSC EN LA ORGANIZACIÓN

Los métodos utilizados en la gestión de negocio y servicios, entre otros, generalmente están basados en metodologías que utilizan la TI y ERP's como soluciones de apoyo, de forma que puedan relacionarse con la gestión de servicios y garantizar mejores resultados. La elección de indicadores no debe limitarse sólo a las informaciones basadas en las situaciones económico-financieras. Imagine que la prueba de seguridad de un vehículo se basara sólo en el asiento. No sería suficiente. Es necesario hacer un monitoreo de los resultados económico-financieros, rendimientos (tanto de mercado junto a los clientes, como de los procesos internos y personal), innovaciones y tecnología.

Por ser un proyecto lógico, debe estar bien definido e implementado en las variables de control, metas e interpretaciones para que pueda presentar resultados positivos. Es decir, a través de una visión balanceada e integrada, el BSC puede indicar una estrategia más clara, por medio de las perspectivas citadas arriba.

EL BSC Y LA INNOVACIÓN EN LA GESTIÓN DE LA TI

Si una empresa expresa su retorno de inversiones sólo en términos de valores financieros, estará cometiendo un error grave, ya que, muchos beneficios derivados de la TI no son cuantificables, pero son reales para el negocio. Sin embargo, la TI por sí sola no es suficiente para determinar el rendimiento de una organización, aunque es parte de la estrategia y de las operaciones de esta.

Las organizaciones son cada vez más dependientes de las informaciones para alcanzar sus objetivos y poder así destacar en el mercado tan competitivo en la actualidad. Eso exige del área de TI un mayor empeño al ejercer su función ya que es el soporte de la estrategia empresarial. La TI suministra recursos para que la organización se convierta en ágil y flexible, pudiendo adaptarse a las necesidades de la férrea competitividad del mercado, mejorando sus procesos internos y el análisis del entorno externo, posibilitando la toma de decisiones más eficaces.

Entendemos que la TI tiene el deber de suministrar a los gestores informaciones rápidas y precisas, y el BSC hace eso posible. Este se basa en la optimización del rendimiento de un emprendimiento, en el alineamiento de procesos y cualificaciones; convirtiéndose en una herramienta para agregar valor al negocio. Con este, los gestores pueden monitorizar sus objetivos, a través de los indicadores y apalancamientos en los rendimientos de los proyectos internos, con la ayuda de un mapa estratégico adecuado.

Por lo tanto, la implementación del BSC permite la optimización de la utilización de uno de los activos más importante de las empresas de hoy: la Información. El BSC permite organizar una serie de informaciones estratégicas, en conjunto con los indicadores, pudiendo localizar problemas, definir rumbos, prever posibles amenazas, apuntar tendencias y direccionar a la organización. En la gestión de la TI, podemos considerar también el gobierno de la TI, que engloba métodos para mejorar la transparencia y organización de las prácticas de dirección y monitoreo del rendimiento en las empresas.

Este método hace posible la implementación de esas prácticas de gobierno, haciendo el BSC imprescindible en las áreas de TI. Con eso, la creación de un lenguaje común entre los clientes internos de la organización y los objetivos se hace posible, orientando la definición de prioridades de las inversiones, el control de rendimiento e interacción de todo el equipo, teniendo por objetivo la búsqueda de las metas estipuladas.

Por fin, esta metodología posibilita la gestión, control y la utilización de la TI de modo que esta pueda crear valor a la empresa. El BSC está considerado como un modelo que da soporte a la Gestión de la TI, que ha sido aplicado en sus procesos, suministrando orientaciones sobre las estrategias, con el objetivo de mejorar el rendimiento del sector, resolviendo problemas y ayudando en la toma de decisiones.

DEFINIENDO LA ESTRATEGIA EMPRESARIAL

La palabra Estrategia viene del griego stratègós, que significa liderazgo o mando, y puede ser dirigida hacia diversos aspectos. En términos generales, se trata de una forma de pensar en el futuro con un objetivo decisorio y en base a un procedimiento formalizado y articulador de resultados. Hoy en día, este concepto se utiliza mucho en las organizaciones, por eso, los gestores deben definir o redefinir bien las estrategias que serán implantadas.

Inicialmente, la estrategia representa la acción de liderar o comandar. Este concepto presenta una paradoja, debido a la exigencia de la interacción de una serie de teorías y enfoques, haciendo que impida el completo registro de sus conceptos. Viene siendo utilizado con frecuencia en la Gestión de la TI, desde un curso de acción formulado hasta toda la razón existencial de una organización. De entre los diversos conceptos de estrategia, el más común de ellos es definido como el conjunto de planes de la Gestión para alcanzar resultados consistentes con la misión y objetivos de la organización. En otras palabras, la estrategia apunta hacia la dirección y suministra los recursos necesarios para que la organización se dirija hacia el objetivo deseado, permitiendo la realización de maniobras (cuando es necesario), concentrando sus esfuerzos, manteniendo a la empresa en un buen posicionamiento y proporcionando consistencia en el proceso de la toma de decisión.

DEFINIENDO EL MAPA ESTRATÉGICO

La definición estratégica es un proceso que debe ser trabajado cuidadosamente y que requiere de mucha creatividad. Sin embargo, es imposible ejecutar la estrategia sin antes comprenderla, y no hay mejor manera para comprenderla que describirla primero.

La estrategia será definida en cierto periodo de tiempo y contará con el apoyo de algunas herramientas de gestión como: Análisis SWOT, Ciclo PDCA, el propio BSC; y otras herramientas que podrán ser utilizadas para la definición de la misión, visión y estrategia de la organización. El análisis inicial generará un mapa estratégico en las cuatro perspectivas del BSC: Finanzas, Clientes, Aprendizaje y Crecimiento y Procesos Internos del Negocio; que en el transcurrir de los procesos serán transformados en: metas, planes de acción e indicadores.

Las metas apuntarán y cuantificarán los objetivos de la organización, mientras que los planes de acción indicarán las tareas y actividades, divididas por departamentos en el nivel operacional. Los indicadores serán creados para los objetivos estratégicos, en cada perspectiva, con informaciones que probablemente estarán a disposición del área de TI junto con el área de Gestión de Procesos y otras que podrán estar envueltas; por eso es fundamental que todos los departamentos estén alineados con los objetivos.

PRINCIPIOS FUNDAMENTALES

Toda organización debe seguir una orientación en la búsqueda de sus objetivos que, junto con los indicadores, deben tener cómo principales objetivos estos principios:

- Misión: es la búsqueda de la promoción de la excelencia en la gestión de personas, eficacia operacional, calidad de productos/servicios, entre otras misiones que la organización debe mantener para su mejora y crecimiento continuo;
- Visión: ser reconocida como líder de mercado es el sueño de toda empresa. Por eso, se traza una visión acerca de las conquistas que estas buscan;
- Estrategia: muchas veces surge la necesidad de realizar cambios en la cultura organizacional, sistemas y procesos de gestión; pero estos cambios deben estar bien planeados y seguir los principios de la Gestión de Calidad, poniendo el foco en el cliente, en la mejora continua de los procesos y énfasis en la gestión en los resultados.
- Valores: las organizaciones necesitan mantener valores esenciales, orientados hacia el liderazgo, calidad de servicios, integridad e interdependencia. Y eso debe suceder buscando el liderazgo en la Gestión Estratégica; comprometiéndose a suministrar productos/servicios de calidad; manteniendo la transparencia y honestidad; y trabajando en conjunto, desarrollando cualificaciones profesionales y personales.

LA ESTRATEGIA EMPRESARIAL

Debemos entender que el BSC y la Estrategia Empresarial no son la misma cosa. Sin embargo, uno complementa el otro, de forma a traducir con más claridad los objetivos de la organización, en un lenguaje que todos puedan comprender. Según citó DINSMORE:

"Los proyectos son dependientes de los procesos y los procesos dependen de los proyectos. Debido a esta dependencia congénita entre la gestión de procesos y de proyectos, a medida que los procesos proliferan, lo mismo sucede con la necesidad de gestionar proyectos relacionados a esos procesos".

Por eso la necesidad de una planificación estratégica, alineada con el uso de metodologías de gestión y sus prácticas relacionadas, es lo que determinará el éxito o fracaso del proyecto. Con sólo definir una estrategia empresarial competitiva no es suficiente, esta necesita ser traducida y bien direccionada. Y el papel del BSC es exactamente este. Integrar las medidas, traduciendo la misión y estrategia de la organización, suministrando los indicadores de rendimiento que mejor se adaptan a cada situación. Su objetivo es alinear la planificación de la estrategia empresarial con las acciones operacionales, aclarando la visión, misión y estrategia, asociados a los objetivos de la organización.

Así, podemos definir la estrategia de la empresa a través de los objetivos relacionados y distribuidos en cada perspectiva, proporcionando una visión estratégica más detallada y aplicando los indicadores de acuerdo a las situaciones y/o necesidades. El BSC traducirá las estrategias de la planificación para que los colaboradores puedan comprender, implementar, monitorizar y acompañarlas. Finalmente, la Estrategia Competitiva es lo que la empresa decide hacer y no hacer, considerando el Entorno, para concretar la Visión y alcanzar los Objetivos, respetando los Principios, teniendo como objetivo cumplir la Misión en su Negocio.

GESTIONANDO EL NEGOCIO

La modernización del mercado global está haciendo que la competitividad cada vez sea más férrea, haciendo que las empresas modernas busquen nuevas formas de gestión. Esto se relaciona directamente al plan de negocio de la organización, que está definido con propiedad por Pimentel:

"Un Plan de Negocio es una especie de mapa de la mina o camino de piedras para el desarrollo de un negocio empresarial que quiere ser un prestador de servicios, una micro o pequeña empresa o una gran empresa o cooperativa. Las habilidades como emprendimiento, agresividad, administración, conocimiento del negocio y motivación son imprescindibles para el empresario moderno. En el Plan de Negocio también están definidas las acciones o planificación de marketing, producción, plan financiero y de misión y visión".

Es decir, es necesaria una definición de mapa para el desarrollo empresarial para entonces poder gestionar el negocio, integrándolo al plan financiero. Como ya hemos visto el BSC nos suministra indicadores para que podamos realizar y acompañar este procedimiento. El éxito organizacional depende mucho de cómo se gestiona la secuencia de actividades, que puede ser entendida como una "cadena de valores", y cada etapa de la realización de las actividades y procesos del negocio deben agregar valor al producto/servicio, preservando la calidad, a fin de satisfacer aún más a sus clientes.

El BSC es una herramienta adecuada para medir el rendimiento de las organizaciones, haciendo que el conjunto de indicadores (Financiero, Cliente, Procesos Internos del Negocio y Aprendizaje y Crecimiento) estén debidamente "balanceados" para un desarrollo real y equilibrado, haciendo de la Gestión del Negocio una excelencia. Para comprender la certeza de esto, imagine una empresa que esté bien financieramente pero que ha dejado de invertir en su Aprendizaje y Crecimiento. Consecuentemente los colaboradores de esta empresa, ya sea a medio o a largo plazo, pasarán a dejar de atender la necesidad real de los clientes, lo que podría comprometer la calidad del producto/servicio suministrado, dando como resultado problemas para la supervivencia de la organización, y creemos que esto, ni hay que decirlo, no es el objetivo de ninguna de ellas.

Gracias a que el BSC nos ofrece una presentación gráfica y de fácil análisis, es posible que los gestores tengan una rápida y exhaustiva visión de la situación de los negocios. Los autores del BSC dicen que su aplicación en la organización para lograr el éxito necesita tener tres aspectos fundamentales:

- La integración entre las cuatro perspectivas, evitando que se hagan de manera aislada dentro del contexto y estén siempre en equilibrio;
- El equilibrio entre los grados de peso de las perspectivas;
- El BSC no debe ser visto por la organización sólo como una herramienta de gestión financiera, sino también como un sistema de Gestión de Estrategia.

Entonces, enfocando en los procesos de negocio, el BSC proporciona un conjunto de indicadores, financieros y no financieros, posibilitando la medición del rendimiento y la garantía del logro de los planes estratégicos. Basado en esto, entendemos que el BSC integra tres grupos que conducen a la organización hacia los objetivos estratégicos de la misma: Estratégicos, Operacionales y Organizacionales.

Estos grupos establecen una creación de objetivos y medidas adecuadas en todos los niveles, permitiendo entre ellos mismos la integración de acciones y alineamientos de toda la organización.

GESTIÓN DE TI EN LOS NEGOCIOS

El entorno organizacional vive en constante mutación, debido a la globalización, tanto en los negocios como en la Tecnología de la Información, lo que exige una dinámica e interacción cada vez mayor de la gestión del negocio con la TI, partiendo de las organizaciones y gestores modernos; para que puedan adaptarse y acompañar las exigencias impuestas por el competitivo mercado actual.

Un nuevo perfil de productos y servicios están siendo creados por las TI, lo que facilita la capacidad de mejorar la calidad y el acceso a las informaciones para el negocio de la organización. Eso nos hace reflejar que la TI no es sólo un factor estructural o la inversión en tecnología para hacer la empresa más moderna. Al contrario, la TI es una parte fundamental para la gestión de las informaciones, enfocado en los negocios e integrando sus procesos. Sin embargo, para que eso se realice con mayor eficiencia y eficacia, es necesario un esfuerzo continuo de los gestores y profesionales responsables del área, haciendo esta integración clara para todos los actores involucrados, buscando el máximo rendimiento.

La Cultura Organizacional debe adaptarse a las exigencias del mercado para que pueda mantener la competitividad. La satisfacción de los clientes y la calidad deben ser factores vitales, dirigiendo a la empresa hacia el camino de sus objetivos y para que logre alcanzar sus metas. Para eso, la TI acostumbra a sobrepasar la cultura de la empresa, adhiriendo nuevas metodologías de gestión integrada a las herramientas tecnológicas, como el BSC, haciendo que estos recursos trabajen a favor del negocio, gestionando las informaciones necesarias para las tomas de decisiones.

GESTIONAR EL SERVICIO

"La tecnología de la información es elemento fundamental para el éxito de las organizaciones. La gestión de servicios puede utilizar métodos estandarizados de eficiencia reconocida y pautados por las necesidades estratégicas de las organizaciones."

Con la modernización del mercado global, las empresas están teniendo que adaptarse rápidamente para acompañar tal evolución, lo que ha hecho que ellas se hagan cada vez más dependientes de los recursos de la Tecnología de la Información. Con todo, la utilización de estos recursos por sí mismos sólo traería resultados relevantes si los servicios fueran bien gestionados. La gestión de servicio objetiva proveer, calificar y alinear las necesidades del negocio en la TI, buscando implantar procesos y prácticas que proporcionan servicios de TI más eficientes y eficaces.

En el actual entorno mercadológico, los gestores buscan centrarse en el desafío de las áreas de TI, buscando aumentar la eficiencia operacional de los procesos de negocios, reducir costes y acompañar la creciente demanda de informaciones. Conforme las organizaciones reconocen la dependencia de la TI, la gestión de servicios se hace clara y posibilita el alcance de los objetivos estratégicos del negocio.

Con el BSC, es posible realizar estos procedimientos, alineando los servicios de TI y negocios, basando en la utilización de indicadores que deberán medir el rendimiento de los resultados obtenidos y definir las metas empresariales que permitirán la mejora continua de los procesos. Por ser un modelo consagrado de planificación y control empresarial, él utiliza conceptos similares para la optimización y contribución de los servicios de TI en la organización, evaluando todos los procesos y, principalmente, el nivel de satisfacción del usuario, su eficiencia y efectividad, con foco en la planificación de acciones para las demandas futuras.

CICLO DE VIDA DE LA GESTIÓN DE SERVICIO DE TI

Para que un servicio esté bien gestionado, es necesario definir métodos y/o procesos que apoyen la toma de decisiones relacionadas a la viabilidad del mismo. Después de definidas las cuestiones como: posicionamiento de mercado, utilización, costes y valores para mantener el servicio; estas informaciones serán utilizadas durante el ciclo de vida del servicio de TI y divididas de la siguiente forma:

- Utilización del servicio: finalidad para la cual este servicio será utilizado;
- Garantía del servicio: controlar como el servicio está siendo ejecutado;
- Diseño del servicio: es importante garantizar que la ejecución del servicio esté dentro del coste estimado para el mismo;
- Transición del servicio: garantizar la entrega del valor previsto para el servicio;

- Operatividad del servicio: el servicio necesita ser entregado en los niveles planeados, de forma que esté disponible para ser utilizado por el usuario en cualquier momento.
- Mejora continúa del servicio: el servicio necesitará ser constantemente analizado, evaluado y mejorado para atender todas las necesidades.

Concluimos, entonces, que el ciclo de vida de gestión de un servicio posee un orden claro e intuitivo, posibilitando detallar cada una de las etapas y apuntando mejorías, de acuerdo con las necesidades de las organizaciones.

Conforme Aristóteles (384 a.C. - 322 a.C.) definió: "Nosotros somos lo que hacemos repetidas veces, repetidamente. La excelencia, por lo tanto, no es un hecho, sino un hábito". Entendemos que la excelencia no es un destino, sino un camino o, simplemente, el resultado de nuestras acciones. Lo mismo se aplica a la gestión de servicios, donde existen varias herramientas y técnicas de mejores prácticas. Y el BSC es una de ellas, que también apunta indicadores de rendimiento y traducen las metas, mostrando el camino a ser seguido, en la búsqueda de la codiciada excelencia en la gestión de servicios.

GESTIÓN DE LA CALIDAD

Con el transcurso del tiempo, los clientes están siendo cada vez más exigentes, haciendo que los gestores modernicen y mejoren el modo de gestionar la demanda de informaciones en busca de la satisfacción de los mismos. Hoy existen herramientas que auxilian a las empresas para buscar informaciones que puedan ser relevantes para la mejora de los productos/servicios, deseo y expectativa de los clientes y colaboradores. Si lo llevamos al "pie de la letra", veremos que la cantidad de informaciones advenidas del mercado son inmensas y que es necesario mucho equilibrio y una excelente gestión para tratar todas estas informaciones. La TI suministra recursos para que esto sea posible pero, como ya sabemos, sólo tener herramientas a disposición de los gestores no sería suficiente; es necesario saber gestionar y distribuir las informaciones correctamente entre los departamentos.

Muchas personas imaginan que el BSC acaba entrando en conflicto con otras herramientas de gestión o de mejora de la calidad. Pero, quien así piensa, está completamente equivocado. El BSC indica los puntos que necesitan ser mejorados, que necesitan de más atención o que están más fuertes, apuntando el rendimiento de cada proceso. Pero son las herramientas de calidad y mejora continua que promueven los resultados esperados por los clientes. Eso nos muestra, entonces, que en vez de ser perjudiciales son complementarios, desde que saben dividir la aplicación de cada una de ellas.

LO QUE NO ES MEDIDO NO ES GESTIONADO

Así lo afirmaban Robert Kaplan y David Norton, autores de la metodología del Balanced Scorecard. La era de la información ha proporcionado grandes avances en los entornos organizacionales, al punto de que establecer metas no es suficiente para la búsqueda de los objetivos de la organización; es necesario mensurar, medir y gestionar, mostrando el camino correcto que la empresa debe recorrer para alcanzar sus metas y alcanzar sus objetivos.

La gestión envuelve habilidades que exigen el conocimiento del negocio basado en las estrategias organizacionales alineado con la gestión de la información centrada en cumplir lo que fue establecido en las metas. Eso, con certeza, envuelve la gestión de la calidad como parte integradora de los objetivos de la organización, que busca garantizar la satisfacción de los clientes. El BSC no podrá sólo medir sino también apuntar si la estrategia está siendo bien direccionada y garantizar la gestión de la calidad.

LA ISO 9000 Y EL BSC

La ISO 9000 es un conjunto de normas técnicas que busca establecer un modelo de gestión de la calidad. Fundada en el año 1947, en Ginebra (Suiza), hoy está presente en (aproximadamente) 126 países. Las normas de la ISO 9000 objetivan la mejora de los procesos internos, capacitación de los colaboradores, monitorización del entorno de trabajo, verificación de la satisfacción de los clientes, colaboradores y proveedores, en un proceso continuo de mejora del sistema de Gestión de la Calidad.

La medición de rendimiento está presente en la serie de normas ISO 9000:2000 en el ítem 8.4 - Análisis de Datos:

"La organización debe determinar, recolectar y analizar datos apropiados para demostrar la adecuación y eficacia del sistema de gestión de la calidad y para evaluar donde mejoras continuas de la eficacia del sistema de gestión de la calidad pueden ser realizadas. Eso puede incluir datos generados como resultado de la monitorización y de las mediciones y de otras fuentes pertinentes."

La razón para medir el rendimiento de los procesos es, de hecho, la búsqueda de la mejora continua a través de los resultados obtenidos de la medición, que puede mostrarnos las capacidades de los sistemas y los niveles de rendimiento alcanzados. Lo que facilita la obtención de informaciones sobre los puntos fuertes, donde debe tener los esfuerzos concentrados, y los puntos débiles, donde debe destinar los recursos para alcanzar las mejoras deseadas, haciendo de la gestión de la calidad un éxito en la organización.

ALINEACIÓN ENTRE NEGOCIO Y TI

En la creación de valor para los negocios, la TI (Tecnología de la Información) es la referencia actual para todos los procesos de una organización. Este es un hecho básico e histórico, ya que todas las operaciones, procedimientos y pasos de la cadena de producción, han estado estrechamente vinculados al mejor coeficiente de gestión de las informaciones. El uso de las TI ya no es visto como una herramienta para la estrategia de la compañía, sino que está siendo tratada como parte para el establecimiento de directrices y estrategias de negocios de alta competitividad empresarial.

Según Porter, la posición estratégica de la empresa está directamente relacionada con sus actividades, que muestran de forma diferente con respecto a sus competidores. Esta afirmación se refiere directamente a las fuerzas competitivas que hacen que la organización se destaque en su entorno comercial. Por lo tanto, la alineación sistemática y fundamentada de los procesos del área de TI con la estrategia del área de negocios, deben garantizar, además de la mejora en la asignación de recursos, una estandarización con soporte adecuado a las organizaciones (Luftman).

En las últimas décadas, con el crecimiento y la necesidad de la calidad en los procesos de las empresas, hubo una serie de frameworks de gestión, es decir, metodologías que sirven para alinear el área tecnológica con el área de negocios, sus objetivos estratégicos y otros sub-procesos que traducen todo el funcionamiento de la empresa.

MODELO DE NEGOCIO ESTRATÉGICO DE ALINEACIÓN

La estrategia es un factor que está estrechamente relacionado al entorno desde su adopción, que se remonta a las antiguas guerras las cuales originaron el proceso de planificación organizada y sistemática y mejora continua, y que fue adoptada posteriormente por medios sociales, políticos y económicos en nuestra época. Según Pietro, el uso de un conjunto de actividades estructuradas previamente define el proceso macro de alineamiento estratégico de los negocios. Esta afirmación es la realidad de toda empresa que se centra en resultados rentables y que están fuertemente basados en la calidad de sus procesos, como pieza fundamental, tanto para alinear el medio interno (procesos, estándares y personas) como el externo (clientes, proveedores y entorno). Sin embargo, hay que considerar que la percepción de alineación estratégica no es meramente formal, ya que sus características principales son para el uso de acciones (Mintzberg).

En búsqueda de la revisión especializada fueron encontrados tres modelos principales que muestran la teoría fundamental de la alineación estratégica. El modelo Labovitz y Rosansky trata de entender el alineamiento estratégico como factor de integración de los atributos de la organización, por lo tanto, derivando así la concentración de esfuerzos junto al objetivo del negocio. En definitiva, el objetivo es de una característica única, pero con propósitos dispersos y compartidos con los involucrados en el proceso.

El modelo de Hambrick y Cannela denota el proceso de alineación estratégica como una forma de relacionar los entornos internos y externos de la organización de la mejor manera posible, es decir, mitigando factores de riesgo y eliminando barreras; por lo tanto, lo que hay es la promoción del proceso a través de etapas definidas y de un gerente ejecutivo hasta el final.

Aun así, uno de los modelos de mayor importancia y que, por lo tanto, forma la base para que otros pudieran haber sido originados y no sólo en el área de los negocios sino también adoptarlos en otras áreas, es el modelo de Balanced Scorecard (BSC). Según Kaplan y Norton, este modelo tiene como objetivo gestionar la empresa mediante el uso de indicadores de desempeño que a su vez son agregados junto con las cuatro áreas clave para las organizaciones, a raíz de una serie de preguntas, como se ve en la figura 1.

Figura 1 – Balanced Scorecard (BSC)

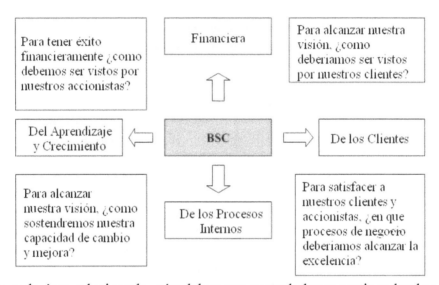

Para cada área relacionada, aún deben ser controlados y gestionados los objetivos, medidas, metas e iniciativas, que a su vez proporcionan el progreso de la alineación estratégica.

MODELOS DE ALINEACIÓN ESTRATÉGICA DE TI

La alineación de TI y negocios provienen de la automatización de procesos organizacionales, basada en criterios de eficiencia (Rose).

Henderson y Venkatraman

Henderson y Venkatraman se refieren a las organizaciones a través de cuatro áreas principales: estrategia de negocios y de TI, que conforma la visión externa y la infraestructura organizacional de procesos, y de TI, que compone la visión interna. En este sentido, la alineación estratégica de la TI tiene sus raíces en estos dos puntos de vista, que se originan del entorno externo (posición de la organización en el mercado) y el entorno interno (estructuras y procesos de apoyo en el mercado), como se ve en la figura 2.

Figura 2: áreas de decisión en el proceso de alineación estratégica

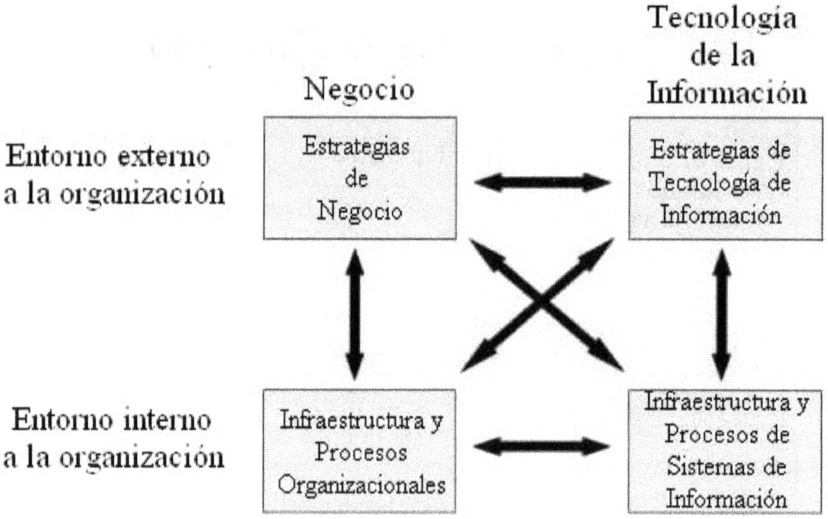

Por lo tanto, los autores sintetizan claramente la relación de estos cuatro casos que sirve como una referencia junto con los diversos modelos citados más adelante.

Chan

Este modelo se centra en la discusión de la asociación directa de la alineación estratégica de la TI con su eficacia junto con el rendimiento y el impacto de negocios. Chan afirma que desarrollar la estrategia de TI es la base para la alineación entre TI y negocio. Sin embargo, Joia y Souza afirman que los sistemas de información ayudan efectivamente en los resultados organizacionales, en vista de las inversiones en TI.

Luftamn

Con la percepción de Luftamn surge la necesidad de evaluar el nivel de madurez de la alineación estratégica entre negocio y TI, ahora, derivando de modelos más actuales del mercado, como el caso del CMM o Cobit. En este modelo, es defendida la tesis de que las aplicaciones de la TI son la base para la alineación con el negocio y que haya estabilidad en ambas áreas. Así Luftman refleja la madurez de una organización, proporcionando los medios para saber como está y cuál es su dirección, así como las formas de mantener su posición.

Kearns y Sabherwal

Kearns y Sabherwal tienen la percepción de que la gestión del conocimiento está estrechamente vinculada a la alineación estratégica y, los mismos autores, también afirman que la participación de los gerentes tanto de negocios como de TI deben desempeñar un papel en ambas áreas, por lo tanto, relacionando conocimiento con la gestión eficaz.

FRAMEWORKS DE GESTIÓN DE TI

La gestión de la TI traduce la idea de que su eficacia es una parte clave junto a la alineación estratégica (Laurindo), que abarca todos los procesos empresariales informatizados, como se muestra en la Figura 3; aumentando en gran medida el nivel de gobierno de TI mantenido por la organización.

Figura 3 - integración de negocio y TI

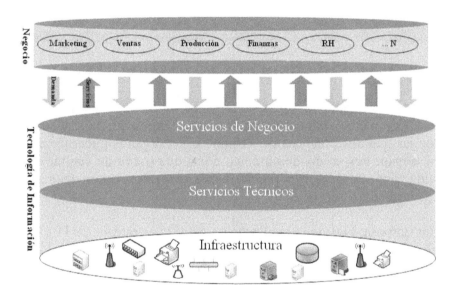

Para ello, el grupo Gartner (consultoría mundial de TI y de negocios) muestra que los modelos más exitosos y de nivel de relevancia para la gestión de TI son los modelos: Cobit, ITIL y CMMi.

COBIT (CONTROL OBJETIVES FOR INFORMATION AND RELATED TECHNOLOGY)

Este framework de gestión creado por ISACA (Information Systems Audit and Control Association) tiene como base normas internacionales, las cuales relacionan los métodos y estructuras documentadas para la gestión y la auditoria en el área de TI. En su versión 4.1 (COBIT, 2011) tiene una estructura (Figura 4) de objetivos de control, directrices de gestión y modelos de madurez, lo que refleja la percepción de lo que hacer por el gerente de la empresa, por lo general el CIO (Chief Information Office).

Los objetivos de control se dividen en cuatro grandes procesos clave organizados por: planificación y organización; adquisición e implementación; implantación y soporte y seguimiento.

Figura 4: Principios básicos de COBIT 4.1

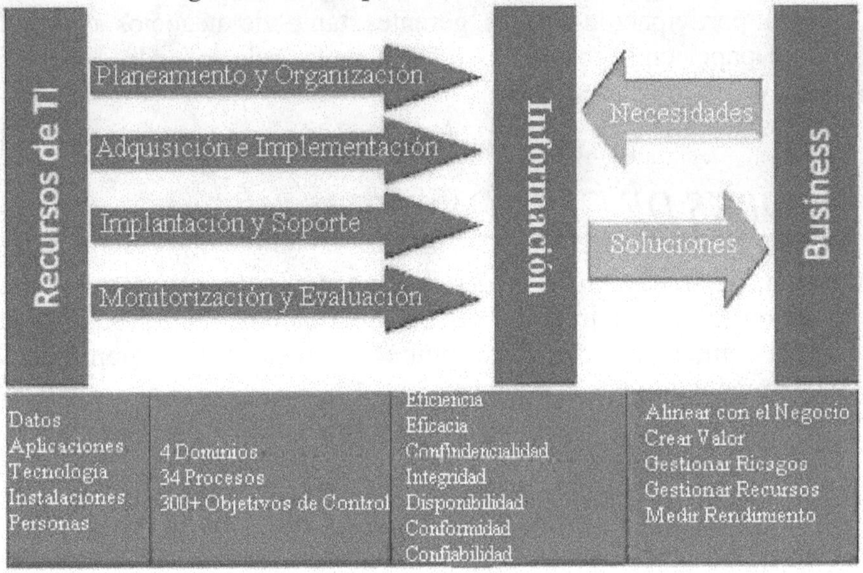

ITIL (INFORMATION TECHNOLOGY INFRASTRUCTURE LIBRARY)

ITIL fue desarrollado en Inglaterra a mediados del año 1980 por el OGC (Office of Government Commerce) para implementar una mejora en la estandarización de los procesos de las mejores prácticas de TI junto a los órganos gubernamentales (Mansur). ITIL en la versión tres se divide en cinco áreas que tratan de centrar en la gestión del ciclo de vida, a través de varios procesos más pequeños, que gestionan e integran los objetivos de negocios y servicios.

Según Barbosa, ITIL guía la alineación entre la estrategia de TI y los negocios con el fin de clasificar los servicios y procesos, incluyendo la relación con los clientes. Por lo tanto, el principio básico que ITIL propone es crear valor junto a los servicios y entregarlos como objetivo principal a los clientes y partes interesadas involucradas.

CMMi (CAPABILITY MATURITY MODEL INTEGRATION)

Este modelo, creado por el SEI (Software Engineering Institute), es ampliamente utilizado para referenciar prácticas y medir la madurez de procesos tanto genéricos como específicos. Se subdivide en dos modelos de uso: el modo continuo, con medición de los niveles de capacidad de los procesos y así por etapas, en donde hay una secuencia de evolución que traduce los niveles de madurez de la organización. En cuanto a los niveles, que se enumeran desde el nivel inicial, con ninguna o casi ninguna norma de proceso, hasta el nivel cinco, llegando a la optimización de los procesos.

Figura 6: Representación del CMMi

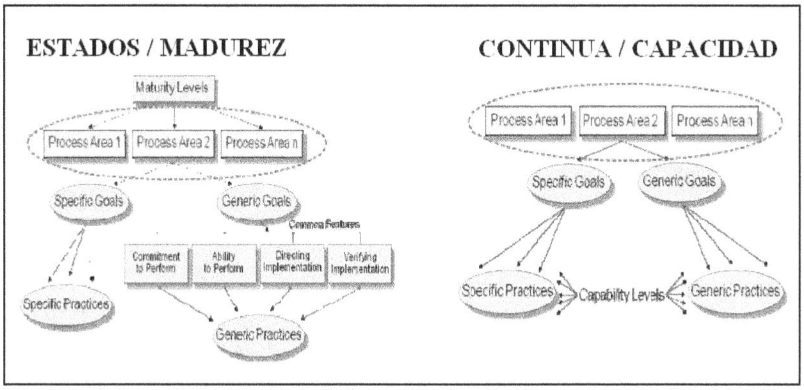

El modelo propuesto es una evolución del CMM, que está enfocado a empresas de desarrollo de software. En el modelo CMMi hay una integración de varias áreas clave tales como: Systems Engineering (SE), Software Engineering (SW), Integrated Product and Process Development (IPPD), Supliré Sourcing (SS) (SEI, 2011).

En su versión 1.3 hay un abordaje específico para tres modelos diferentes: CMMI-DEV, dirigido a los procesos de desarrollo de productos y servicios; CMMI-ACQ, en relación con los procedimientos de adquisición y contratación externa de bienes y servicios y CMMI-SVC, centrado en los servicios.

DE LA GESTIÓN AL GOBIERNO EN CINCO PARTES

En el inicio de la segunda década del siglo actual aún estamos pasando por la fase de transición de lo que es gestión a lo que será la dirección. La distinción de esos dos conceptos es más que una teoría, es una guía para el gestor desorientado frente a los desafíos corporativos actuales.

DE LA CIBERDEPENDENCIA A LOS PROCESOS EMPRESARIALES

Las tecnologías de Internet desembarcaron en muchos países a la vez, desafiando las instituciones existentes y poderosos intereses, ya que su difusión fue acompañada de ideas globales a cerca de financiación del capital de riesgo, influencia comercial y modelos radicales de negocio.

La Tecnología de la Información, después de su primer siglo de existencia, aún se presenta como un terreno desconocido a los ojos laicos de usuarios de los servicios prestados por estructuras dependientes de ordenadores. La paradoja es evidente: mientras que la tecnología avanza, estando cada vez más próxima del usuario final - técnicamente laico -, las innovaciones y posibilidades crean nuevos distanciamientos y, consecuentemente, la permanencia de la sensación de ser intocable.

Esa sensación se mostró en la breve historia de la TI en diversos momentos. El empleo de ordenadores para la ejecución de tareas imposibles a humanos y la supervalorización del capital intelectual del especialista en informática - lenguajes de programación, infraestructura, redes y manipulación de datos - son ejemplos de la distancia entre el desconocido mundo computacional y el usuario laico que ha visto la TI como una reformuladora de las necesidades del mundo real para un medio accesible al uso, pero no a su comprensión. De la creación del PC en la década de 1970 al boom de Internet, entre los años 1999 y 2001, el mundo vio gradualmente nacer de la red soluciones para sus necesidades domésticas y profesionales. Los ágiles editores de textos sustituían a los pocos a las lentas y pesadas máquinas de escribir. Las empresas creaban bases de datos y controlaban sus stocks, sus clientes, sus contactos y su facturación. El usuario no profesional aprendió a hacer presupuestos domésticos con plantillas simples para control financiero. La ingeniería abrió la mano de los soportes, transferidores y reglas para calcular sus creaciones.

El área médica pudo ver diagnósticos de laboratorios de forma más rápida. El comercio cambió: cualquiera podía vender y comprar a través del ordenador. La posibilidad de compartir creaciones con otras personas en cualquier lugar del planeta, sin la necesidad de desplazamientos, hacía el mundo girar más rápido. Los gobiernos ampliaron la relación con el ciudadano y ofrecieron servicios on-line. En el año 1990, una persona tardaba semanas "montando" su declaración de impuestos. En el año 2001, el mismo trabajo era hecho en pocas horas.

La vida se volvió más rápida, el lenguaje más rico y las costumbres renovadas. Además del movimiento de ver soluciones surgir de necesidades, las personas vieron el movimiento inverso: de necesidades nunca antes pensadas surgidas a partir de una "solución". En el boom de Internet, surgían empresas a cada instante siempre para ofrecer una nueva necesidad, como servicios de agenda calórica para control de dietas, servicios de previsión del tiempo o la imagen de un reloj atómico transmitido por una webcam en tiempo real. Tener la informática activa en lo cotidiano pasó a ser un mandato y, muchas veces, innecesario.

Lo que se provocó con todo eso fue el arraigo de la TI en los procesos empresariales y en las costumbres humanas. Vivimos una era de ciberdependencia doméstica, educacional, corporativa y gubernamental y, con eso, una era de reevaluación de la comodidad que se instauró en los entornos informatizados. No se trata de una reevaluación motivada por la consecuente dependencia, pero sí por la posibilidad de perfeccionar la capacidad que la informática tiene para generar beneficios a la sociedad. La necesidad de examinar a la TI extrapola el sentido de supervivencia profesional. El arraigo de la TI en los procesos empresariales, evidenciado por los servicios cada vez más informatizados, atribuye a los profesionales involucrados la responsabilidad de sus resultados, no solamente por la visión financiera de la corporación, sino principalmente por la relación de respeto a los anhelos del cliente-usuario de sus servicios. Esa tendencia viene colocando definitivamente a la TI en los procesos de negocio.

Los modelos de gestión empresarial sufrieron una relectura a partir del fenómeno de la globalización en la década de 1990, lo que significó la internacionalización de las finanzas, del gobierno corporativo y del comercio. Concurrentemente, Internet surgió con fuerza en ese mismo periodo con el primer boom, en el año 1994, y con el segundo boom, en el año 1999, y que, según Kogut, fue un marco que muestra la relevancia de la TI en las relaciones de negocio:

Esa coincidencia [el boom de Internet en medio de la globalización] coloca duros desafíos a los modelos institucionales históricos que gobiernan el desarrollo y la explotación de tecnologías e innovaciones dentro de las naciones. Históricamente, los países fueron definidos por más que sólo fronteras políticas, también por instituciones y convenciones más o menos coherentes que definían la formación de conocimiento de una fuerza de trabajo y los modos empresariales por los cuales las tecnologías son comercialmente desarrolladas y comercializadas. Las tecnologías de Internet desembarcaron en muchos países a la vez, desafiando las instituciones existentes y poderosos intereses, ya que su difusión fue acompañada de ideas globales a cerca de financiación de capital de riesgo, difusión comercial y modelos radicales de negocio.

EL PAPEL DE LA TI EN LOS OBJETIVOS DEL NEGOCIO

Los movimientos de reordenación en la economía mundial, entre tanto, venían siendo discutidos desde la década de 1980 debido a las crisis financieras en Europa. Había preocupaciones, sobre todo en Inglaterra, a cerca de la necesidad de una mejor gestión después de los escándalos financieros y corporativos en el país. En el inicio de la década de 1990, surgieron de esas preocupaciones las primeras publicaciones de lo que hoy conocemos como gobierno corporativo, un conjunto de buenas prácticas de cómo administrar la empresa y mantener la salud corporativa. La iniciativa se reflejó en otros países y ganó más importancia en la agenda de empresas y gobiernos.

Las discusiones alrededor del mundo sobre la necesidad de controlar los dominios de la TI venían siendo pauta desde la década de 1970, a partir de teorías de gestión de procesos de desarrollo de sistemas. En Inglaterra, la formalización sobre el asunto surgió con el establecimiento de un framework para la gestión de servicios de TI que, después de revisiones continuas, fue publicado en varios volúmenes entre los años de 1989 y 1996 como Information Technology Infrastructure Library (ITIL). El ITIL se convirtió en los años siguientes en un modelo de hecho para la gestión de servicios de TI, sirviendo de base para un código de prácticas publicado en 2000 como BS 15000.

El estándar británico fue pionero en el asunto y también fue rápidamente asimilado por otros países, ya fuera cómo estándar de hecho o como modelo para normas locales, como por ejemplo el de Australia y de Sudáfrica. La aceptación internacional del estándar y de sus consecutivas revisiones dio origen en el año 2004 al proyecto de creación de un estándar internacional, a ser mantenido y divulgado ampliamente: la ISO/IEC 20000, publicada oficialmente en 2005.

Los beneficios advenidos de la reflexión sobre la importancia de la TI en el mantenimiento de los objetivos de negocio de las corporaciones fueron fundamentales para que modelos de gestión de la TI pasaran a ser indispensables. Sin embargo, aquellas preocupaciones surgidas en la década de 1980 y de sus variaciones y revisiones hasta el milenio no fueron los aceleradores de la adopción internacional de los estándares de gestión de la TI. Los cambios en los humores mundiales por cuenta de los escándalos financieros de Enron y de otras empresas, hicieron mandatarias las prácticas de gestión para prevenir fraudes y apuntar responsables.

En EEUU, esas prácticas fueron reglamentadas por el Sarbanes-Oxley Act, ley publicada en el año 2002. Posteriormente, con el mismo objetivo de crear estándares de gestión responsable, esta vez para el sector bancario, surgió el Acuerdo de Basilea II, publicado en el año 2004. Ambos marcos reguladores afectaron de forma significativa a los procesos de TI, ya que las informaciones financieras y de resultados son oriundas de todos los procesos de negocio que generan hechos contables y financieros para la empresa, y que pueden estar automatizados o no.

El gobierno de la TI surge, así como la interfaz del negocio con los procesos de la TI, como una puerta de comunicación que traduce las intenciones estratégicas en acciones operacionales planeadas y que define los efectos de esas acciones en resultados comprensibles a los ojos de los tomadores de decisiones de la compañía.

El gobierno de la TI representa el paso siguiente en la gestión de la TI, que inicialmente se limita a los dominios de la infraestructura y que posteriormente se expande para administrar sus servicios. El sector antes cerrado para el resto de la empresa pasa a ser más transparente y accesible a los planes corporativos, menos oscuro, aunque no técnicamente. El alineamiento estratégico de la TI al negocio se hace, por lo tanto, indispensable para empresas de cualquiera porte y representa el nivel alto de madurez alcanzada en su gestión.

LA GESTIÓN DE LA TI

La gestión de la TI surge en el escenario evolutivo de la computación como una consecuencia de la complejidad que se alcanzó en las corporaciones. Sallé apunta la TI como un elemento esencial de la corporación, al punto de existir algunas modalidades de negocios incapaces de vivir sin ella. La función de la TI sufrió cambios a lo largo del tiempo y, así pues, la forma de cómo pasó a ser gestionada también cambió. Mathias Sallé presenta tres estados de la función de la TI a lo largo del tiempo (Tabla 1).

Función	Tipo de Gestión	Características
Proveedor de Tecnología	Gestión de Infraestructura TI	Se centra en la gestión de la infraestructura, maximizando el retorno de los activos y controlando dispositivos y datos generados.
Proveedor de Servicios	Gestión de Servicios TI	Identifica los servicios necesarios a los clientes y se centra en el planteamiento y entrega de ese servicio para llegar a las exigencias de disponibilidad, forma y seguridad. Gestiona los niveles de servicios acordados.
Socio Estratégico	Gestión del Valor del Negocio de la TI (Gobierno de la TI)	La TI actúa como socio, habilitando nuevas oportunidades de negocio. Los procesos de TI están totalmente integrados con el ciclo de vida de los procesos de negocio, aumentando la calidad del servicio y la agilidad del negocio.

El estado como Proveedor de Tecnología es el estado inicial asumido por la TI, cuando su foco se limita a los dominios de la tecnología no envolviéndose con el negocio. En el estado siguiente, la TI ya amplió su visión y entró en los dominios del negocio, pero aún centrada en sus dominios tecnológicos. En el tercer y último estado - presentado por el autor como un escenario futuro - la TI y el negocio se funden, siendo casi imposible entender cuando un proceso es de TI o de negocio. En ese último estado, las acciones son conjuntas y dirigidas al negocio (Figura 1).

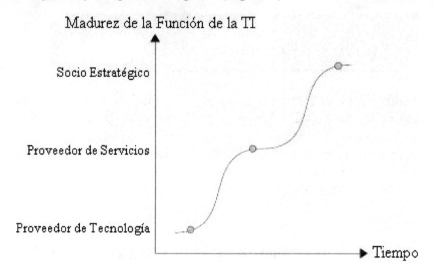

Figura 1 – Evolución de la madurez de la función de la TI en función del Tiempoi

Magalhães y Brito abordan el tema observando la evolución de la gestión en función del tiempo histórico. Para eso, ilustran el avance tecnológico insertado en el contexto de la evolución de la gestión en función de la dependencia del negocio a la TI (Figura 2).

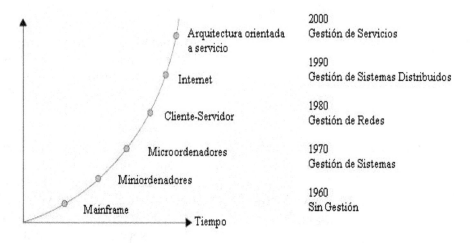

Figura 2 – Evolución de la gestión de TI versus Dependencia del Negocio

Por la temporalidad histórica, Magalhães y Brito discrepan de Sallé cuando identifican que el término gestión surgió en la TI como Gestión de Sistemas en la década de 1970. Para Sallé, la década de 1970 es tenida en cuenta cómo una era obscura para la gestión de la TI. Ambos, sin embargo, concuerdan cuando apuntan la evolución de la gestión como resultado de la dependencia que las organizaciones crearon a partir de la TI. Para Magalhães y Brito, esa evolución agregó a la TI actividades importantes y que trajeron ventajas competitivas al negocio. Tales actividades son:

- Diseño
- Planificación
- Implementación
- Operativa
- Soporte

Aún según ellos, cada una de esas actividades de gestión dirige a la TI para los siguientes objetivos

- Garantizar y aumentar la disponibilidad de la infraestructura de la TI;
- Elevar el nivel de los servicios prestados;
- Permitir flexibilidad en la atención de la demanda;
- Disminuir los efectos de los cambios;
- Aumentar la eficiencia en la resolución de los problemas;
- Reducir los costes de los fallos;
- Disminuir los costes de los servicios de TI.

Además del legado gerencial acoplado a la evolución de la TI, otro factor relevante contribuyó significativamente para la consolidación de las prácticas gerenciales en la TI: las altas inversiones en el área. La gestión de la TI pasó a ser estratégica para la toma de decisiones en las empresas, no solamente para garantizar el alineamiento al negocio sino sobre todo para controlar su coste. Según el Gartner Group, Inc., entre el 60 y el 90% del TCO (Total Cost of Ownership - Coste Total de Propiedad) de la infraestructura de TI se destina a los esfuerzos de gestión y soporte (MAGALHÃES; BRITO, 2007, p. 80).

Las inversiones en tecnología vienen siendo innegablemente infladas y ya representan buena parte del presupuesto de las corporaciones. En el año 2010, la Gartner predijo que los gastos en TI de las empresas en todo el mundo estarían en torno a los 3,4 trillones de dólares, un 4,6% más que las inversiones hechas en el año 2009 (IPNEWS). La consultora apuntó ese crecimiento como modesto, debido a la crisis económica mundial. Por lo tanto, gestionar la TI es una necesidad de mantenimiento de la salud financiera y de supervivencia del negocio y no sólo del funcionamiento de un área de la empresa.

METODOLOGÍAS DE GESTIÓN

La gestión de Servicios de TI comprende completamente la Gestión de la Infraestructura de TI, sin embargo, de forma más amplia ya que pasa a mirar fuera de los dominios de la tecnología

La evolución entre Gestión de Infraestructura de TI y Gestión de Servicio de TI se caracterizó por la colocación de la entrega de servicios en el centro de la gestión de la TI. Ese proceso, que llevó veinte años, se inició formalmente en la década de 1980 con el establecimiento de metodologías de gestión de sistemas (IBM ISMA e ITIL). Tales metodologías fomentaron el surgimiento de variaciones adaptadas y perfeccionadas de sus principios, que a lo largo de la década de 1990 resultaron en las metodologías centradas en servicio (HP ITSM, MOF y BS15000) (Figura 3).

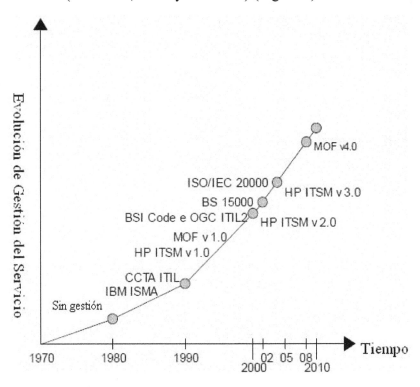

Figura 3 – Evolución de las metodologías de Gestión de TI

De los dos modelos iniciales, el que tuvo aceptación plena en el mercado fue el ITIL, tal vez por no estar vinculado a una plataforma como ocurre con el IBM ISMA.

El establecimiento de las metodologías centradas en servicios, por su parte, se adaptaron para un modelo completamente alineado al negocio, ayudando a las organizaciones a pasar por el periodo de transición entre Proveedor de Servicios y Socio Estratégico, es decir, de Gestión de Servicios de TI a Gobierno de la TI. Esa nueva etapa fue posible porque el foco en el servicio se superpone a los dominios técnicos de la gestión de la infraestructura.

La gestión de Servicios de TI es un conjunto de procesos que cooperan para garantizar la calidad de los servicios de TI de acuerdo con el nivel de servicio acertado con el cliente. Eso se superpone a los dominios de gestión tales como gestión de sistemas, gestión de redes, desarrollo de sistemas y sobre muchos dominios de procesos como gestión de cambio, gestión de activos y gestión de problemas.

De esa forma, se entiende que la gestión de Servicios de TI comprende completamente la Gestión de la Infraestructura de TI, sin embargo, de forma más amplia, ya que pasa a mirar fuera de los dominios de la tecnología. Lo mismo no ocurre con el proceso evolutivo que lleva al Gobierno de la TI, pues en ese caso las metodologías se complementan, entrelazando los dominios de la TI con los dominios del negocio, es decir, mientras la TI es gestionada por un conjunto de procesos que cooperan para garantizar la calidad de sus servicios, el negocio es dirigido con el apoyo de la TI con base en las directrices del gobierno corporativo.

Mientras el dominio de la gestión de la TI se centra en el suministro eficiente y eficaz de productos y servicios de TI y en la gestión de sus operaciones, el Gobierno de la TI encara un doble papel de (1) contribuir para la operativa y al rendimiento del negocio, y (2) transformar y posicionar la TI de cara a los desafíos futuros del negocio.

Peterson sugiere que la Gestión de Servicios de TI es de carácter interno y presente, mientras que el Gobierno de la TI es de carácter externo y futuro, conforme la siguiente gráfica (Figura 4).

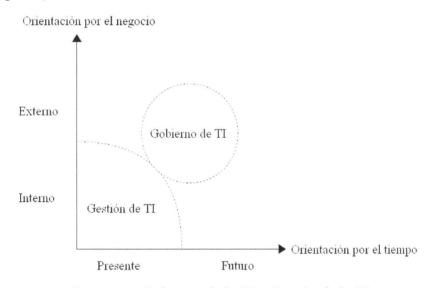

Figura 4 – Gobierno de la TI y Gestión de la TI

Acerca de las metodologías de gestión, destacan ITIL y BS 15000, este último posteriormente transformado en estándar ISO/IEC 20000.

El Gobierno de la TI, siguiendo el concepto evolutivo propuesto por Sallé, representa el estado de gestión en que la TI, teniendo sus procesos totalmente integrados a los procesos de negocio, asume la función de socio estratégico en la corporación, aumentando la calidad de sus servicios, dando agilidad y habilitando nuevas oportunidades de negocio. El término gobierno, sin embargo, superpone al término gestión en el escenario corporativo, lo que sugiere que ese estado más avanzado de la vida administrativa de la TI asume una función aún más próxima al negocio o menos de gestión y más de "articulación y cooperación entre actores sociales y políticos y arreglos institucionales que coordinan y regulan transacciones dentro y a través de las fronteras del sistema económico". El término gobierno surgió en el escenario mundial en la década de 1990, formalizado por el Banco Mundial en su documento Governance and Development del año 1992, como "el ejercicio de la autoridad, control, administración, poder de gobierno", "la manera por la cual el poder es ejercido en la administración de los recursos sociales y económicos de un país para el desarrollo" y "la capacidad de los gobiernos de planear, formular e implementar políticas y cumplir funciones" (GONZALVES, 2007, p. 1). La objetividad de la definición, aunque dirigida al empleo político, resume puntos claves que son identificables en otros usos del mismo término, como la ampliamente difundida expresión "gobierno corporativo", surgida también en la década de 1990.

El gobierno corporativo es el sistema que asegura a los socios-propietarios el gobierno estratégico de la empresa y la efectiva monitorización de la junta ejecutiva. La relación entre propiedad y gestión se da a través del consejo de administración, la auditoria independiente y el consejo fiscal, instrumentos fundamentales para el ejercicio del control. El buen gobierno corporativo garantiza equidad a los socios, transparencia y responsabilidad por los resultados (accountability).

O en su definición más reciente:

Gobierno Corporativo es el sistema por el cual las organizaciones son dirigidas, monitorizadas e incentivadas, envolviendo las relaciones entre propietarios, consejo de administración, junta directiva y órganos de control. Las buenas prácticas de gobierno corporativo convierten principios en recomendaciones objetivas, alineando intereses con la finalidad de preservar y optimizar el valor de la organización, facilitando su acceso al capital y contribuyendo a su longevidad.

El estrechamiento de las definiciones, que dio un sentido de gestión más amplio al concepto tradicional de "administrar", permite comprender el gobierno como una acción participativa entre los actores de un proceso, posicionados en sus diferentes niveles de actuación. Para la TI, que en su función más avanzada se coloca como un compañero estratégico para la organización, el término "gobierno se refiere a actividades apoyadas en objetivos comunes" (ROSENAU, 2000 apud GONZALVES, 2007, p. 5). Es decir, los objetivos corporativos, prescritos por un gobierno corporativo, son comprendidos y considerados por las áreas funcionales de la organización. El gobierno de la TI refleja los objetivos del gobierno corporativo, mientras centra en la gestión y uso de la TI para alcanzar las metas de rendimiento de la corporación (WEILL; ROSS, 2005). El gobierno, como sugiere la definición inicial en el uso corporativo, delega poderes y define responsabilidades - accountability - a cada uno de los actores, como forma de conducir las acciones de la empresa de forma responsable rumbo a sus objetivos. Significando también la gestión del valor de negocio de la TI y, por lo tanto, de valor estratégico para la corporación, "el gobierno de la TI es el establecimiento de derechos y responsabilidades para incentivar comportamientos deseables en el uso de la TI" (ibid.). O cómo define el ITGI (IT Governance Institute):

El gobierno de TI es de responsabilidad de los ejecutivos y de la alta dirección, consistiendo en aspectos de liderazgo, estructura organizacional y procesos que garanticen que el área de TI de la organización soporta y mejora los objetivos y las estrategias de la organización.

Dialogando Weill y Ross con el concepto de Peterson, en el que las acciones de gobierno de la TI son externas al área de TI y buscan resultados futuros para el negocio, se refuerza la necesidad de un gobierno corporativo anterior al gobierno de la TI para establecer objetivos de negocio, delegar responsabilidades y definir derechos en la interacción entre negocio y actores del proceso. El ITGI corrobora con la esencialidad del gobierno corporativo.

La necesidad de la evaluación del valor de TI, la gestión de los riesgos relacionados a la TI y las crecientes necesidades de control sobre las informaciones son ahora entendidos como elementos-clave del gobierno corporativo. Valor, riesgo y control constituyen la esencia del gobierno de TI.

La premisa del gobierno corporativo que sugiere la idea de establecimiento de estrategias de negocio no impone, sin embargo, que deba haber alineamiento estratégico entre TI y negocio, como sugieren algunos autores. Para Ross, las estrategias de negocio son multifacéticas, englobando decisiones como en que mercados competir, como la empresa se posicionará en cada mercado y que capacidades desarrollar. De esa forma, las estrategias raramente ofrecen direcciones suficientemente claras para el desarrollo de una TI estable y de procesos de negocios capacitados al logro de los objetivos.

EL GOBIERNO EN LA PRIORIZACIÓN DE PROYECTOS DE TI

El artículo de la CIO, publicado en febrero del año 2012, nos muestra el esfuerzo de la TI para llevarse bien con las demandas diarias venidas de todos los extremos de la corporación. Eso no es una gran novedad, pero en una época en que los cambios son más veloces que la capacidad de adaptarse a ellos, la dificultad queda por cuenta de la habilidad del gestor de TI en priorizar lo que debe y lo que es posible de ser realizado cuando los recursos son escasos, las ideas ilimitadas y las necesidades no siempre tan necesarias...

Un escenario como ese es muy común. De un lado, el fantástico mundo de las innovaciones. Del otro, la fantástica fábrica de ideas brillantes. En medio de eso todo, la TI.

Las ideas, aunque loables, ignoran el principio de la viabilidad y surgen en las reuniones de planificación como una demanda aceptada o "envasada" para todos los involucrados. Son raras las demandas para la TI que llegan sin el entusiasmo de la certeza de éxito. La TI pasiva, aun sabiendo que la cosa no está bien, mira y "envasa". La complacencia es más grave cuando el sponsor es un individuo con poder de influencia aún mayor que los demás. En esos, los sprints tienden a ser priorizados en una lista donde el foco es el producto final, la obediencia jerárquica, y no su real utilidad o necesidad.

Ahora bien, sea de quien sea la idea, cuando la cosa sale errada, quien pierde es la empresa y no el ideador. Muchos proyectos ya nacen fallidos en la cabeza del ideador y muchas veces no por la pobreza de la idea sino por la desorientación hasta que sea realizada. El papel de la TI debe comenzar antes de la realización, si es posible, para que luego cuando la idea nazca su evolución sea norteada desde el inicio.

¿Imposible? Si su concepción de TI es que "la TI está en una esfera de actuación técnica y no participa de las acciones tácticas del negocio", la respuesta es sí, ¡es imposible!

La TI es más que una unidad funcional, ella es estrategia, es táctica, es definitiva en el éxito del negocio y no solamente porque agiliza y salvaguarda datos, sino, sobre todo, porque las nuevas y grandes ideas de negocios usan recursos que están bajo la sombra de la TI. En una analogía simple, si la música no fuera un arte y sí una nueva tecnología, sería imposible lanzar nuevos productos sin tener un músico y un compositor. En caso contrario solo se obtendría ruido.

En el arte, la estética es el elemento que rige su concepción y realización. En la TI, el gobierno es quien dirige tales etapas.

Cuando el CEO, en el camino del trabajo, lee en una revista que Apple perfeccionó su software de reconocimiento de voz tal vez nazca en su cabeza la idea de que sería óptimo poder tener a sus clientes usando en un iPhone su producto con un simple mandato de voz, algo semejante a lo que él acaba de descubrir que es posible hacer para quedar dentro de las condiciones del tráfico o de la meteorología. El CEO difícilmente va a pensar cuánto cuesta un profesional especializado en el SIRI o cual es la infraestructura necesaria para mantener tal servicio disponible, finalmente desarrollar el programa y programar el ordenador. Pero, aunque sepa, alguien más en la empresa ya podría haber tenido la misma idea hace tiempo, antes de que él entrara en la corporación, y haber aprendido a un coste alto la inviabilidad de la misma.

Decir no, aunque no sea el papel del Gobierno de la TI, es una función extremadamente útil cuando los proyectos son ponderados antes de llevarlos a ejecución. El deslumbramiento de los procesos proporciona controles, sean ellos de los costes, de los recursos, de las capacidades o de las innovaciones, además de permitir la priorización de las demandas con valor real para la empresa. Sin conocerlo todo, es imposible actuar de esa manera. Por eso, el gobierno es el maestro de la TI.

David Cearley, vicepresidente de la Gartner, dice:

Como los recursos no son infinitos, la gestión de TI necesita reformular su papel para hacerse más que un corrector de servicios de TI, trabajando en conjunto con el negocio para comprender las principales prioridades y funcionar como un facilitador, no como un obstáculo para la implantación de la nueva tecnología.

El principio de la colaboración es el elemento que difiere la evolución de la TI en el tiempo. En el pasado, la TI era meramente implementadora de tecnología, hoy, su papel cala en las decisiones del negocio. Las palabras de Cearley resumen bien el pensamiento de los nuevos gestores, que miran la TI no sólo como una centralizadora de demandas, sino, sobre todo, como una integradora de soluciones, y el resultado de eso es el re-uso de recursos y de trabajo, algo que reduce coste y tiempo y que reevalúa los elementos de éxito.

Por fin, la gestión de proyectos, fuera de la estructura organizacional de la TI, tiene como aliado vital el Gobierno de la TI, una orientadora decisiva en las acciones de la empresa, capaz de hilvanar devaneos a la pura realidad.

¿GESTIÓN O GOBIERNO? ¿QUE ESTOY HACIENDO?

Muchos profesionales del área de TI, sobre todo los de infraestructura, se cuestionan si hay diferencias entre gestión y gobierno de la TI. Vale saber que las hay.

Gestión es diferente de gobierno y la diferencia está en el papel que la TI ejerce en la corporación. Mathias Sallé dice que la TI puede ser:

- Un simple proveedor de tecnología, centrada en la entrega de los recursos computacionales;

- Un proveedor de servicios, cuando además de la entrega de los recursos computacionales actúa con sus habilidades para sumar valor al negocio, con consultora técnica, garantizando la disponibilidad, la capacidad, los niveles de servicio acordados, etc.
- Un socio estratégico, cuando además de suministrar tecnología y servicios, mantiene relación directa con las intenciones estratégicas de la empresa para conducir sus acciones de gestión.

Si su TI está en los dos primeros casos, sus actividades son de gestión. Es decir, usted gestiona la entrega y el soporte a los recursos y servicios (disponibilidad, capacidad, configuraciones, finanzas, el nivel de servicio, la resolución de problemas, etc.) de acuerdo con las directrices definidas para la TI. El gobierno ocurre a partir de ahí, sin embargo, requiere sintonía con la estrategia del negocio. Y es ahí que las cosas se complican. La visión clásica del gobierno defiende que el alineamiento estratégico es el secreto del éxito. Sin embargo, hay autores, como Jeanne Ross, que dicen que es casi imposible alinear la TI con la estrategia de negocio porque las estrategias de negocio tienen muchas facetas y estas no siempre pueden ser traducidas en acciones en la TI, como, por ejemplo, la definición de la cobertura geográfica de un producto y el posicionamiento que la empresa asume en cada mercado.

De esa forma, las estrategias raramente ofrecerían direcciones lo suficientemente claras para el desarrollo de una TI estable y de procesos de negocios capacitados al logro de los objetivos. Sea como fuera su línea de concordancia, lo que importa hasta aquí es saber que el gobierno comprende una sintonía más fina con el negocio que la mantenida por la gestión. De ahí queda más fácil comprender los dominios de la ITIL y del COBIT.

EL VERDADERO VALOR DE LA INFORMACIÓN – BUSINESS INTELLIGENCE

¿Quién compraría un periódico a las 21h?

No tendría sentido pues la información en él contenida no tendría el más mínimo valor al estar obsoleta, aún más en la era de la información rápida y disponible en cualquier lugar y momento.

Y ¿por qué aún hay empresas que dejan pasar todo el mes para solamente al final saber cuánto fueron sus ganancias, sus ventas, en fin, aquellas informaciones importantes y que si no son bien gestionadas pueden hacer descarrilar su negocio?

Bien, no hay respuesta exacta para esa cuestión, hay sí, algunas explicaciones un tanto convincentes.

La mayoría de las empresas en la actualidad poseen sistemas de información para cumplir obligaciones legales, por ejemplo, emisión de Factura Electrónica, otras para controlar stock, algunas para el control financiero de lo que se tiene a recibir o a pagar… pero la gran mayoría sólo registra las informaciones y cada vez más aumenta el volumen de las mismas, mientras que, el ciclo "entrada -> procesamiento -> salida" no se completa llegando a ese último paso con resultados satisfactorios.

Vemos en los ERPs actuales incontables informes, pero siempre sobre un asunto operacional que nada mejora al gestor para tener una visión clara "de lo que está sucediendo", algunos ejemplos son: "Informe de Movimientos de Stock", "Informe de Facturación Diario", "Informe de Títulos a Recibir", y así sucesivamente. Hay sí casos de "Análisis de gestión de ventas", pero su contenido no es nada más que una lista de vendedores y el valor vendido por los mismos en un determinado periodo documentado.

Lo que queremos decir es que hay mucha más información "envasada" en una base de datos de lo que nuestra vana filosofía puede imaginar.

Podemos abstraer informaciones preciosas que, a día de hoy con la competencia y rapidez brutal como las cosas suceden, pueden ser la salvación de una organización. Tenemos que gestionar en la actualidad una infinidad de ítems diferentes, clientes en las más diversas localidades del país (o del planeta en algunos casos), concurrentes que están a 1 clic de distancia, bien diferente de la época en la que teníamos 2 o 3 modelos de tenis, 1 o 2 sabores de helado, o éramos la referencia del mercado para un determinado producto, es decir, es físicamente imposible analizar toda esa gama de informaciones "en el libro".

Pero somos inteligentes, sabemos cómo hacerlo, necesitamos sólo de herramientas, sean las más simples como plantillas electrónicas o un Sistema de Gestión de Informaciones con capacidad analítica y algoritmos de inteligencia. Y es ahí donde entra la Inteligencia de Negocios o Business Intelligence (BI) como fue bautizada en los años 90 por el Instituto Gartner.

Hablar sobre BI es siempre polémico pero la cuestión es: ¿que debería ser el BI?

Intentaremos tratar la cuestión y despertar una reflexión sobre que debería ser el BI porque no hay una definición simple y única para esta cuestión. Cada empresa, cada gestor, "necesita" de un BI con lo que "generar" más valor a su negocio.

En la disciplina de "Teoría General de la Administración" aprendemos que hay que respetar "la vocación del gestor", que viene llena de convicciones y que nada ni nadie lo harán creer de otra forma.

Tenemos gestores financieros que se centran más en evitar impagos, reducir el plazo medio de recibimiento, pagar menos tasas bancarias, ... otros prefieren crear un proceso operacional estándar y apostar en el mercado financiero como una forma de protección para su capital financiero.

Encontramos empresas del sector industrial donde la vocación principal de su presidente es el área comercial, entonces la pregunta es, ¿que adelantaría un análisis profundo de la gestión de la producción, stocks, logística para ese gestor? Casi nada o nada. Él no "verá" valor en eso.

Nosotros como profesionales tenemos la obligación de entender que vocación es la necesidad real del gestor.

No hay más espacio para intentar vender proyectos fantasiosos de borradores con lucecitas de colores que parpadean cuando algo va bien o mal.

Tenemos que tener el foco en el resultado que se espera, lo que realmente genera valor al negocio que es la información con consistencia, en el formato y la hora exacta, con la disponibilidad necesaria.

El BI es un proceso de conocimiento de la empresa por su propio gestor; él muchas veces no sabe como su sistema ERP calcula el stock medio, el margen de ganancias, el riesgo del cliente, etc. y la implantación del concepto de Inteligencia de Negocio traerá, muchas veces, respuestas indeseadas como "su base de datos es inconsistente" y tenemos que tener la certeza de lo que estamos hablando y coraje para enfrentar las repuestas como "Su BI está equivocado".

QUE ES EL BUSINESS INTELLINGENCE

Entonces, ¿Qué es el BI?

El Business Intellingence es una herramienta empresarial actual pero históricamente remite a tiempos inmemoriales. El BI no es nada más es que el acto de cruzar informaciones para obtener mejores condiciones a la hora de tomar la decisión más correcta.

Los pueblos antiguos ya utilizaron esta tecnología. Persas, egipcios y otros pueblos necesitaron reunir informaciones para decidir la mejor época de plantación o para la cosecha, saber si y cuando podría llover o que enemigo podría atacar y cuando.

Volviendo a la era presente, el BI es un arma empresarial estratégica para que los gestores puedan tomar decisiones y no dar tiros a ciegas utilizando especulaciones infundadas. Él surge en la década de los años 70 en una época en la que no había bases de datos o softwares con interfaces de escritorio. Antes llamado de OLAP o DW fue renombrado como Business Intelligence por Gideon Gartner, también creador de la Gartner Group.

COMO EL BI PUEDE ALCANZAR SU OBJETIVO

A través de la tecnología vigente, se debe extraer e integrar los datos de múltiples fuentes. Múltiples por qué algunas empresas poseen un sistema de almacenamiento de datos para cada sector. Hecho esto, esos datos son almacenados en el repositorio de una tecnología llamada Data Warehouse. Esa tecnología posee una super base de datos y es orientada al asunto, lo que facilita el análisis para la toma de decisiones. Entonces, analizando los datos contextualizados, analizando causa y efecto, con años de informaciones almacenadas en una fuente uniforme, el gestor puede llegar a una decisión mejor.

El BI funciona a través de algunas tecnologías, estas son:

- Data Warehouse
- ETL (extract, transform, load)
- Data Mining
- OLAP

DATA WAREHOUSE

Según:

- Imon- "Es una colección de datos orientados a asuntos, integrados, variables en el tiempo tiempo y no volátiles, para dar soporte al proceso de toma de decisión".
- Kimball- "Es el conjunto de herramientas técnicas de proyecto, que cuando aplicadas las necesidades especificadas de los usuarios y a las bases de datos específicos permitirá que planeen y construyan un data warehouse".

Data Warehouse es un sistema informático utilizado para almacenar información relacionada (informes y análisis) de una organización en una base de datos de gran tamaño, sobre una base consolidada, ayudando a llegar a la información estratégica que puede facilitar la toma de decisiones. Pudiendo ser capaz de ir a través de un operativo de almacenamiento de datos para las operaciones adicionales antes de utilizarse en el DW para la comunicación.

El DW permite el análisis de grandes volúmenes de datos, recogidos de los sistemas transaccionales (OLTP - procesamiento de transacciones en línea o de procesamiento de transacciones en tiempo real - son sistemas que se encargan de registrar todas las transacciones contenidas en una operación de la organización particular). Se puede llamar serie histórica, ya que permiten un mejor análisis de los hechos pasados, la prestación de apoyo a la toma de esta decisión y la predicción de eventos futuros. De forma predeterminada, los datos de un DW no se cambian, excepto cuando es necesario hacer correcciones de datos precargados. La herramienta más popular para trabajar con DW es el OLAP (Online Analytical Processing proceso o analítica en tiempo real - es la capacidad de manipular y analizar grandes volúmenes de datos desde múltiples perspectivas).

La principal fuente de datos se limpia, se procesa, es catalogada y puesta a disposición para su uso por los directivos y profesionales de los negocios en la minería de datos, OLAP, busca de mercado y apoyo a las decisiones. En la actualidad, por su capacidad de resumir y analizar grandes volúmenes de datos, la DW es el núcleo de los SIG (Sistemas de Gestión de la Información) y apoyo a las decisiones principales de BI.

ETL

El ETL es un proceso, su significado es Extract, Transform, Load, pues es exactamente eso. A través de herramientas como ODI (Oracle Data Integrator) o IS (Integration Services) es hecha la extracción de los datos de la base de datos relacional, la transformación de esos datos divergentes en un padrón y la carga de los datos en el data warehouse.

Está claro que este proceso no es tan simple, existen algunos procedimientos:

- Limpieza de datos: Los datos deben ser analizados para evitar la carga de datos contradictorios y para que la extracción ocurra solamente en los datos que tendrán importancia para el negocio.
- Integración de los datos: Hace que las diferentes fuentes de datos puedan "conversar" entre sí.
- Carga de los datos: Es la copia o transferencia de los datos para el data warehouse.
- Actualización de los datos: Es claro que, como estamos hablando de un sistema de toma de decisiones, los datos deben ser actualizados de lo contrario tendríamos un sistema obsoleto por desfase.

OLAP

On-line Analitical Processing es un SGBDM (Sistema Gestor de Bases de Datos Multidimensional). Funciona de forma dedicada a la toma de decisiones, posee varias dimensiones visibles, jerarquizadas en varias granularidades y sigue un modelo lógico multidimensional. Son generalmente desarrollados para trabajar en bases de datos de-normalizados.

El OLAP es un sistema analítico diferente del OLTP que es transaccional. La diferencia entre ellos está en el cuadro que se muestra a continuación:

Características	Operativo-OLTP	Decisión-OLAP
Objetivo	Op. Diarias del negocio	Analizar el negocio
Visión de los datos	Relacional	Multidimensional
Op. con los datos	Incl. Alt, Excl y Cons.	Carga y Consulta
Actualización	Continua(tiempo real)	Periódica (Bach)
Nº de Usuarios	Millares	Decenas
Tipo de Usuario	Operacional	Gerencial
Interacción con usuario	Predefinida	Predefinida y ad-hoc
Granularidad	Detallados	Detallados y resumenes
Redundancia	No ocurre	Ocurre
Volumen	Megabytes-Gigabytes	Gigabytes-Terabytes
Histórico	Hasta una actualización	5 a 10 años
Acceso a registro	Decenas	Millares

DATA MINING

Data minning o minería de datos es la utilización de los recursos de BI para la obtención de datos y generación de informes para ayudar en la toma de decisiones. Se hace la búsqueda de los datos relacionados con un determinado asunto y su cruce haciendo que las informaciones importantes sean identificadas para el posterior análisis de los datos.

OLTP X OLAP

OLTP

OLTP (On-line Transactional Processing) es un sistema utilizado como base de un SGBD (Sistema Gestor de Base de Datos) transaccional y permite la realización de comandos básicos como insert, update y delete. Es utilizado por la mayor parte de las empresas en pequeñas transacciones en tiempo real y de forma rápida. Como no guardan histórico de datos no son ideales para su utilización como soporte en la toma de decisiones.

El entorno:

El entorno OLTP es operacional, para lectura y grabación de datos. El acceso a los datos es atómico, es decir, no es posible un mayor detalle de los datos de lo que él ya presenta y estos son normalizados.

Sus principales puntos fuertes son:

Eficiencia: La posibilidad de la reducción de documentos y una mayor velocidad en la respuesta de los cálculos de gastos o retornos son ejemplos de cómo ese sistema puede beneficiar a la empresa que lo tiene como base de su SGBD.

Simplicidad: Él permite que el acceso a los datos sea más fácil, rápido y organizado, haciendo que su utilización perfeccione los procesos.

OLAP

On-line Analytical Processing es un SGBD relacional. Funciona de forma dedicada a la toma de decisiones, posee varías dimensiones visibles, jerarquizadas en varias granularidades y sigue un modelo lógico multidimensional. Son generalmente desarrollados para trabajar en bases de datos no normalizados.

Los datos presentes en este sistema no pueden ser alterados, ya que el sistema permite update de los datos, pero no manipulaciones como la eliminación o la modificación directa de los datos.

Su principal característica es la visión multidimensional con consultas que suministran informaciones sobre los datos presentes en una o más dimensiones, pero para entender este concepto vamos a hablar sobre otras características:

- **Cubo**: Es una estructura que almacena los datos de negocio en formato multidimensional, haciéndolos más fáciles de analizar.
- **Dimensión**: Es una unidad de análisis que agrupa datos de negocio relacionados. Las dimensiones se hacen encabezados de columnas y filas, como por ejemplo filas de producto, regiones de venta o periodos de tiempo.
- **Jerarquía**: Es compuesta por todos los niveles de una dimensión, pudiendo ser balanceada o no. En la jerarquía balanceada los niveles más bajos son equivalentes, sin embargo, esto no ocurre en las jerarquías no balanceadas donde

la equivalencia jerárquica no existe. Por ejemplo, en una dimensión geográfica el nivel país no posee el sub-nivel estado para un determinado miembro y lo posee para otro.

- **Miembro**: Es un subconjunto de una dimensión. Cada nivel jerárquico tiene miembros apropiados a aquel nivel. Por ejemplo, en una dimensión geográfica existe el nivel y sus miembros.

- **Medida**: Es una dimensión especial utilizada para realizar comparaciones. Ella incluye miembros tales como: costes, logros o tasas.

Vistos estos conceptos básicos vamos a hablar sobre los operadores OLAP para navegación. Son estos:

- Roll-up
- Drill-down
- Drill-through
- Drill-cross
- Slice
- Dice
- Pivot
- Rank

Vamos a comenzar hablando sobre los operadores de navegación a lo largo de las jerarquías.

Roll-up: Abstrae detalles, navega entre las jerarquías disminuyendo el nivel del detalle. Ejemplo: Región -> País

Drill-down: Aumenta el detalle de los datos, navega entre las jerarquías buscando detalles no visualizados. Ejemplo: Región -> Estado

Drill-through: Detalla los valores, a lo largo de una dimensión dada además del nivel más bajo del cubo.

Drill-across: Detalla varios cubos con dimensiones compartidas.

Pasamos entonces al operador retículo de cubos.

- Slice: Extrae un sub-cubo de las celdas verificando restricciones a lo largo de una dimensión.
- Dice: Extrae un sub-cubo de las celdas verificando restricciones a lo largo de varias dimensiones.

Y finalmente los operadores de visualización de resultados.

- Pivot: El pivot permite diferenciar las visualizaciones a través de cambios de columnas por filas o alterando ejes de las tablas.
- Rank: El rank permite ordenar los datos de una dimensión de acuerdo con la medida corriente y sirve también como filtro como ordenar los valores de ventas por orden de fecha o del mayor para el menor valor.

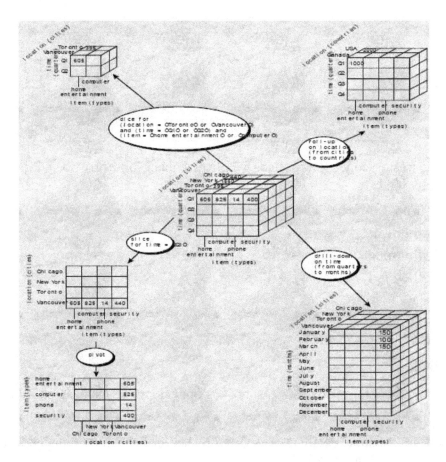

El OLAP puede ser compuesto por algunos modelos físicos de datos de los cuales los principales son el ROLAP y el MOLAP.

MOLAP

El modelo MOLAP (Multidimensional On-Line Analytical Processing) almacena los datos de forma multidimensional, su implementación es frecuentemente hecha en bases de datos relacionales, sin embargo, no normalizados en la 3ª forma. Su acceso sucede directamente en el servidor multidimensional y no alcanza la granularidad mínima.

ROLAP

El modelo ROLAP (Relational On-line Analytical Processing) almacena los datos de las tablas relacionales, presenta datos solamente de forma multidimensional y por ser también relacionales presentan mayor compatibilidad con los sistemas, fuentes, OLTP. Sin embargo, necesita de remodelación previa en esquemas especializados que serán modelados en star schema o snow flake.

Modelo de datos Star Schema (Estrella):

El modelo de datos Star Schema posee una tabla Hecho conteniendo como mínimo una columna por medida agregada y una columna por clave de dimensión. Las tablas de dimensión contienen una columna para cada atributo describiendo la dimensión y generalmente una columna por jerarquía.

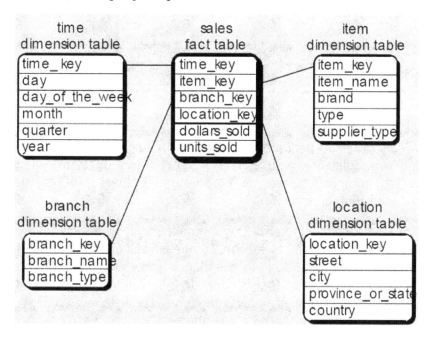

Ejemplo de modelo Star Schema

Modelo Snow Flake (Copo de Nieve):

El modelo Snow Flake es parecido al Star Schema. La diferencia principal está en la normalización de las tablas dimensionales. Eso facilita la evolución de las dimensiones y ayuda a desocupar algún espacio antes utilizado por las propias, sin embargo, como pasa a existir la necesidad de uniones para acceder a datos normalizados el tiempo de respuesta acaba siendo mayor y tal vez incluso por la velocidad y facilidad el modelo estrella sea más popular.

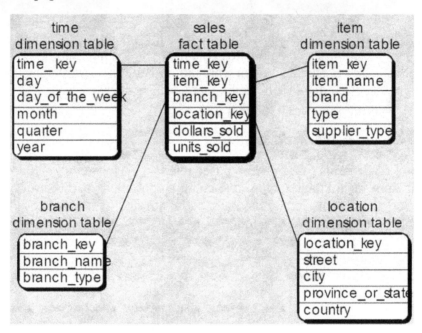

Ejemplo de modelo Snow Flake

El DW es utilizado para almacenar informaciones y el OLAP para recuperarlas, ambos están especializados para ejercer sus funciones de forma eficiente. Las dos tecnologías son complementarias de modo que un buen DW es planeado con la producción de informes en mente.

De esta forma, para explorar el DW completamente es necesario el OLAP que irá a extraer e influir totalmente a las informaciones en él contenidas. El OLAP y el Data Mining son partes integrantes de todo y cualquier proceso de soporte a la decisión. Aún en la actualidad, la mayoría de los sistemas de OLAP tienen el foco en la provisión de acceso a los datos multidimensionales, mientras los sistemas de DM operan con el análisis de influencia para los datos de una única dimensión. Las grandes empresas como IBM, Oracle, están liberando versiones de sus RDBMS que poseen herramientas de OLAP y DM. Cuando los usuarios poseen herramientas de OLAP y no de Data Mining, ellos gastan buena parte de su tiempo haciendo las tareas pertinentes a un DM, como clasificaciones y predicciones de las informaciones recibidas.

DATA WAREHOUSE

Data Warehouse es un sistema informático que incluye una base de datos de supercapacidad de almacenamiento, de Terabytes. Proyectado para el procesamiento del sistema OLAP, él puede almacenar años y años de datos que son resumidos, consolidados periódicamente actualizados y descriptivos. Esos datos no sufren alteración pues utilizan un sistema OLAP que como el propio nombre dice, es analítico y las transacciones de inserción o eliminación de datos no son posibles dejándolos solamente para lectura.

El DW posibilita el análisis de un gran volumen de datos retirados o importados de un sistema transaccional (OLTP).

El almacenamiento de los datos es hecho en un repositorio único y de rápido acceso. Ese repositorio puede almacenar datos históricos en sistemas como ERP's o CRMs. Cuantos más datos del histórico de las operaciones de la empresa, mejor para que el análisis de las informaciones refleje el momento de la empresa.

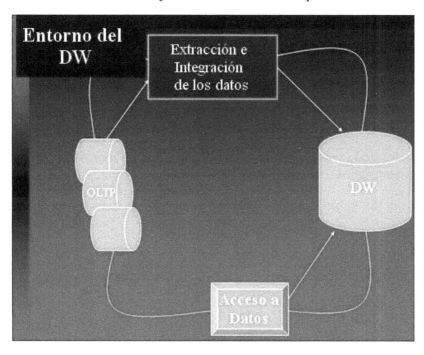

Entorno del DW

Una parte muy importante de un DW son los meta datos, estos son descritos como "datos sobre datos". Los meta datos son informaciones adicionales necesarias para que los datos se hagan útiles, un conjunto de características sobre los datos que no están normalmente incluidos en los datos.

Los metadatos poseen tres capas diferentes:

- Operacionales
- Centrales
- Nivel de Usuario

Y tres componentes diferentes:

- Mapeo que describe como los datos de los sistemas operacionales son transformados antes de entrar en el DW.
- Histórico que describa las reglas a ser utilizadas en los datos corrigiéndolos cuando las reglas de negocio cambian.
- Algoritmos de resumen que muestran la relación entre diferentes niveles de detalles de los datos, indicando también que nivel de resumen es más indicado para un dato objeto.

Las fuentes de meta datos pueden ser Repositorios de Herramientas CASE, Documentación de Desarrollo de Sistemas Operativos, Código Fuente del Sistema Operativo, Entrevistas y hasta el propio Data Warehouse en informaciones como frecuencia de acceso o tiempo de respuesta de cada consulta.

Características de un Data Warehouse:

- Orientación por tema
- Integración
- Variación en el Tiempo
- No volátil

Orientación por tema:

Un DW siempre almacena las informaciones de acuerdo con un asunto o tema para que cada sector de la empresa pueda consultarlo obteniendo solamente las informaciones importantes para aquel determinado negocio.

Por ejemplo, si una empresa trabaja con ventas de productos y desea saber el perfil de los compradores o clientes, entonces el DW será volcado para quien compra y no para sus productos en sí.

Integración:

La integración debe ser hecha para evitar que un mismo elemento en tablas diferentes tenga nombres diferentes. En el DW esos datos necesitan estar en la misma escala o nomenclatura.

Variación en el Tiempo:

Los datos en un DW hablan respeto a un periodo específico en el tiempo y no pueden ser alterados. De hecho, si hay algún dato que necesite de alteración es hecha una nueva entrada de datos para que la alteración, que fue efectuada en la base de datos fuente operacional, sea registrada.

No volatilidad:

Después de la integración, transformación e inserción de los datos el DW los organiza en bloques para facilitar el acceso.

ARQUITECTURA DE UN DATA WAREHOUSE

El DW posee algunas arquitecturas y capas de las cuales forman parte las siguientes:

La capa de adquisición de información es responsable de reunir, refinar, limpiar y agregar los datos de los sistemas de producción. El dato debe estar correcto y proveer un único significado para la toma de decisiones, la capa de almacenamiento de la información provee el almacén de la información mientras que la capa disponible de la información soporta el conjunto de herramientas de presentación y análisis.

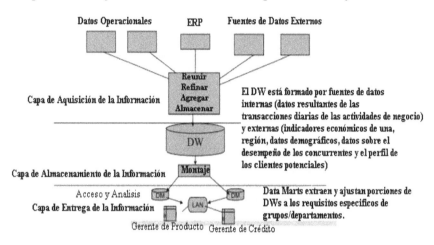

Arquitectura de un Data Warehouse (DW)

Existe una arquitectura, de Cahaudhuri, que posee dos componentes: el Componente de Back End y el Componente de Front End.

- Componente de Back End: Es el conjunto de aplicaciones responsables de extraer, filtrar, transformar, integrar y cargar los datos de diferentes orígenes.
- Componente de Front End: Es el conjunto de aplicaciones responsable de disponer a los usuarios finales acceso al DW.

ETL

El ETL (Extract, Transform and Load) es un proceso destinado a la extracción, transformación y carga de datos procedentes de una base transaccional para un DW.

En ese proceso son obligatorias la extracción y carga ya que si los datos estuvieran en el mismo formato o lenguaje del destino no será necesario hacer la transformación.

QUE ES ETL

El proceso de ETL es el más largo y trabajoso de la fase de construcción de un BI, pues es la extracción de los datos de una base transaccional de origen, transformación, limpieza de esos datos y carga en el DW.

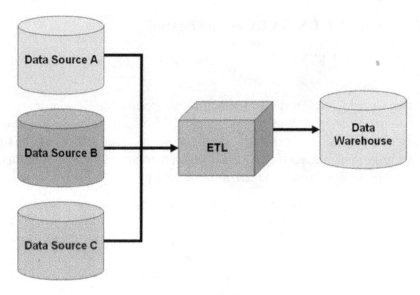

Extracción:

Según Inmon es normal que aproximadamente el 80% de los esfuerzos de un BI sean concentrados en este proceso, ya que para el funcionamiento correcto del BI proporcionando análisis confiables los datos deben reflejar la pura verdad y nada más, lo que hace del ETL un proceso que debe ser pensado y realizado con cuidado.

Esta etapa del proceso debe basarse en la búsqueda de las informaciones más importantes en sistemas fuentes o externos y que estén en conformidad con el modelo del DW. Esa búsqueda, en la mayoría de los casos, es dificultada por el hecho de las informaciones estar almacenadas en fuentes distintas de datos. En un primer momento es normal que la carga inicial sea hecha para que todos los datos del sistema origen sean transferidos a un área del DW llamada de Stage y posteriormente pasada para el área llamada ODS, también en el DW. Después de eso las demás cargas serán incrementales que según Kimball es la más eficiente y carga solamente los registros que fueron alterados o insertados en la base origen.

Transformación:

La etapa siguiente a la extracción es la transformación, en esta fase se hace también la limpieza de los datos. Se verifican errores de digitación, restricciones de permiso de las bases (cuando hay alguna restricción del tipo el usuario no puede insertar en el DW), se estandarizan las abreviaturas, etc.

Para garantizar la calidad de los datos debemos observar lo siguiente:

- Unicidad: Evitar duplicaciones de información.
- Precisión: Los datos no deben perder sus características originales así que son cargados en el DW.
- Completo: No debe generar datos parciales de los datos importantes para el análisis.
- Consistencia: Los datos deben ser coherentes con los datos de las dimensiones, deben tener forma homogénea para la carga en el DW.

Mientras se busca la homogeneidad de los datos pueden ocurrir dos tipos de conflictos:

Semánticos: Son aquellos que envuelven la palabra o el nombre asociado a la estructura del modelo, como tener el mismo nombre para entidades diferentes.

Estructurales: Son los que dicen respeto a la propia estructura del modelo y los más típicos son:

- Diferencias de unidades: Cuando las unidades utilizadas difieren, aunque suministren la misma información. Como una distancia en metros o en kilómetros.

- Diferencias de precisión: Cuando la precisión escogida varía de un entorno a otro. Si un valor monetario es almacenado (10,2) diez casillas antes de la coma y dos después o (10,6) diez casillas antes de la coma y seis después.

- Diferencias en códigos o expresiones: Cuando el código utilizado difiere uno del otro. Por ejemplo, cuando el sexo es definido con código M (masculino) y F (femenino) o (1) masculino y (2) femenino.

- Diferencias de abstracción: Cuando la forma de estructurar una misma información sigue criterios diferentes. Cuando una dirección está almacenada en una columna o en varias separadas en nombre de la calle, número, complemento, etc.

Después de haber identificado los conflictos creamos reglas de conversión que buscan exactamente corregirlos. Esas reglas pueden ser creadas a través de herramientas de integración

Después de esas observaciones se puede iniciar el proceso de carga.

Carga:

En ese momento son cargados los datos de las Dimensiones y del Hecho. Este proceso puede ser bastante demorado y requerir muchos recursos de procesamiento, se busca hacerlo más corto, pues el DW será utilizado constantemente. Por eso debemos tomar algunos cuidados. Como:

- Desligamiento de índices y referencias de integridad (eso puede perjudicar la validez de los datos, pues no son validados en el momento de la inserción).

- Utilización de comando tipo TRUNCATE en vez de DELETE ya que en los sistemas actuales ese recurso no genera almacenamiento de informaciones en áreas de recuperación de datos.

- Tener conciencia de que algunos datos pueden no ser cargados en el momento de la carga y debemos verificar los motivos para que podamos solucionar el problema.

Después de las dimensiones estar correctamente cargadas, ya es posible iniciar la carga del dato, que, tras modelados para contener sólo los datos de importancia para la empresa, dirigen que reglas serán utilizadas como, por ejemplo, filtros de lo que será insertado o sumas a ser realizadas, provocando la aparición de reglas que pasaron desapercibidas en el inicio del modelo.

Sin embargo, el hecho demanda cuidados en su carga, como el uso de las claves artificiales de las dimensiones para que se tenga una integridad referencial, control de valores nulos obtenidos en el momento de la transacción para que no generen la falta de integridad referencial como fechas que, estando nulas, invalidarán el histórico del hecho. Técnicas para facilitar el proceso debido al gran volumen de datos pueden ser usadas, como la carga incremental del hecho, que irá a cargar sólo datos nuevos o alterados, ejecución del proceso en paralelo y en momentos de poco o ningún uso del SGBD, y la utilización de tablas auxiliares que serán renombradas cómo definitivas al fin de la carga.

La figura de abajo muestra el ciclo del ETL en un DW:

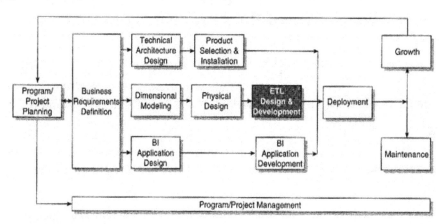

DATA MINING

Data Mining o en español, minería de datos, es el proceso a través del cual podemos hacer un barrido por la base de datos, en nuestro caso por el DW, para encontrar estándares de relaciones entre los datos y generar nuevos subgrupos de informaciones. Finalmente, el data mining es como un agregador y organizador de datos. Hecho el barrido y la nueva agrupación de las informaciones, son generados datos estadísticos que irán a aparecer en los informes generados para la toma de decisiones en el BI. Sin embargo, para que se pueda utilizar este proceso es necesario tener metas bien definidas para que sea posible extraer el conocimiento contenido en las nuevas agrupaciones. Esas metas pueden ser alcanzadas por medio de los siguientes métodos:

Clasificación: Clasifica un ítem en una o varias categorías pre-determinadas. Una buena técnica estadística para clasificación es el análisis discriminante. Esa técnica se resume a descripciones gráficas o algébricas en una o más clases pre-definidas. La idea básica es sustituir el conjunto original de diversas mensuraciones en un valor único, definido como conjunto linear de ellas. Ese tipo de análisis permite comparar dos grupos y decir si hay alguna diferencia entre ellos y cual es la naturaleza de esa diferencia, separándolos en dos o más categorías mutuamente exclusivas.

Modelos de Relaciones entre Variables: Asocia un ítem a una o más variables de valores reales, consideradas variables independientes o exploratorias. Técnicas estadísticas como regresión linear simples, múltiple y modelos lineares por transformación son utilizadas para verificar la relación funcional que, eventualmente, pueda existir entre dos variables cuantitativas, es decir, constatar si hay una relación funcional entre X e Y.

Análisis de Agrupación o Cluster: Asocia un ítem a una o varias categorías (clusters), en que las clases categóricas son divididas por los datos, diferente de la clasificación en la cual las clases son pre-definidas. Esa técnica detecta la existencia y existencia de grupos diferentes dentro de un conjunto de datos.

Resumen: Determina la descripción para un subconjunto. Se utilizan medidas de posición y variabilidad, por ejemplo. Las funciones de resumen son frecuentemente usadas en el análisis exploratorio de datos con generación automatizada de informes, siendo responsables por la descripción compacta de un conjunto de datos. El resumen es utilizado, principalmente, en el pre-procesamiento de los datos, cuando valores inválidos son determinados por medio del cálculo de medidas estadísticas - como mínimo, máximo, media, moda, mediana y desvío estándar muestra -, en el caso de variables cuantitativas, y, en el caso de variables categóricas, por medio de la distribución de frecuencia de los valores.

Modelo de Dependencia: Los Modelos de Dependencia existen en dos niveles, estructurado y cuantitativo y describe dependencias significativas entre las variables. Generalmente en forma de gráfico, el nivel estructurado dice que variables son localmente dependientes. Ya el nivel cuantitativo utiliza escala numérica para informar del grado de dependencia.

Reglas de Asociación: Las Reglas de Asociación definen la relación entre los campos de una tabla. Utiliza la derivación de correlación multivalorada que suministra subsidios para la toma de decisiones. Descubrir esas asociaciones es, generalmente, el motivo de las investigaciones y orientar análisis, conclusiones y evidencia de hallazgos de la investigación.

Análisis de Series Temporales: Como el propio nombre dice ese método hace análisis por tiempo, entonces podemos comparar datos que fueron recolectados y analizarlos por hora o por día y formando un gráfico con esas informaciones. Las series son formadas por cuatro estándares, tendencia, variaciones clínicas, variaciones estaciónales y variaciones irregulares.

INTRODUCCIÓN AL SOFTWARE ERP

El mundo actual se encuentra bajo constante cambio, de grandes avances y descubrimientos, apalancado principalmente por la globalización y por las nuevas tecnologías, acarreando una fuerte competitividad, que ha forzado las personas y organizaciones a asumir nuevos caminos ante tales innovaciones.

Uno de los cambios más importantes y significativos para las organizaciones fue la transición de una economía industrial hacia una economía basada en la información. Finalmente, estamos en la "era de la información". Actualmente, la importancia que se le da a la información no sorprende a nadie. Se trata de uno de los recursos cuya gestión y aprovechamiento influencia más en el éxito de las organizaciones y sociedades.

Según Tom Wilson, la gestión de información es entendida como la gestión eficaz de todos los recursos de información relevantes para la organización, tanto a nivel de recursos generados internamente como los producidos externamente.

El elevado nivel de competitividad, ha llevado las empresas a incorporar las nuevas tecnologías en para ayudar a la gestión de sus negocios complejos.

A lo largo del tiempo se han creado diversos mecanismos con la intención de disponibilizar al gestor las herramientas adecuadas en la actividad de búsqueda y tratamiento de datos y el propio gestor ha buscado alternativas que optimicen el desempeño empresarial, con énfasis en la agilidad de selección y de disponibilización de las informaciones necesarias para la planificación estratégica. A pesar de la eficacia creciente de estas herramientas y de la cantidad de información disponible, el gestor se enfrenta muchas veces al sentimiento de no estar suficientemente informado, ya sea por no conseguir localizar lo que es importante o por el hecho de que la información localizada no corresponde a aquello que estaba buscando.

Dentro de este contexto, se destaca el papel de la tecnología, que ayuda en el almacenamiento, procesamiento y disponibilización de las informaciones de una manera más simple y directa, haciéndose un elemento de diferenciación.

El Enterprise Resource Planning (ERP) es un sistema de información que consiste en un software soportado por módulos que interactúan entre sí. Según Stair (2006) el ERP es un factor crucial para el acceso instantáneo a la información, ya que facilita el flujo de información dentro de la organización y con los proveedores, clientes y otros intervinientes de la cadena de abastecimiento. En esos módulos se incluyen funcionalidades de marketing y ventas, distribución, gestión de producción, control de inventario, gestión de la calidad, recursos humanos, gestión financiera, contabilidad y gestión de información, entre otros. Así que este tiene un papel fundamental en este contexto y son el eje central del presente trabajo.

A pesar de los beneficios provenientes de la gestión de la información a través de la utilización de sistemas ERP, su éxito depende bastante de la fase de implementación, ya que es la parte más crítica de todo el proceso. El éxito de la implementación de una solución ERP depende de la rapidez con la que se consigue recoger beneficios de la misma, es decir, reducir la reacción de los utilizadores y tener un ROI (return-on-investment) más rápidamente. Por lo tanto, la comunicación, la cooperación, la formación, el apoyo de los gestores y la complejidad tecnológica, son factores que están relacionados al proceso de implantación del ERP en la empresa. Es por ese motivo que analizaremos los puntos críticos de su implementación, así como discutir las ventajas y desventajas de ese sistema.

SISTEMAS DE INFORMACIÓN

DEFINICIÓN

Ward (1995) define el sistema de información como un sistema que conecta la entrada de datos, procesamiento, e información de salida de un modo coherente y estructurado.

Esta definición engloba el concepto agregado de sistemas de información en sistemas formales, es decir, estructurados, aunque reconozca que hoy día la tecnología de la información también se utiliza para facilitar la ejecución de procesos de tratamiento de información informal, como el correo electrónico o el procesamiento de datos, entre otros.

Ward añade que todos los sistemas de información formales de una organización se pueden beneficiar de la tecnología de la información ya está disponible. Cualquier proceso en el que todos los datos sean recogidos, archivados, accedidos, analizados, sintetizados y formateados por una persona o por otro proceso utilizado, es un potencial blanco de la tecnología.

En el mismo contexto Ward entiende que es necesario definir la Tecnología de la información, de modo que se diferencie del concepto de sistemas de información.

Los Recursos TIC son los especialistas y las cualificaciones necesarias para utilizar la tecnología de la información de una manera eficaz y eficiente en las organizaciones.

Ward también clarifica que la distinción se debe establecer entre los datos y la información. A su entender "Datos" es la materia-prima (numero, palabras, imágenes) que se procesa en el sistema, el cual produce información. La información es aquello que las personas necesitan, para a través de su experiencia y cualificaciones (skills), generar el conocimiento.

De hecho, según Ward, puede ser un proceso basado en ordenadores para producir conocimiento, como se pretende en los sistemas de inteligencia artificial. Es decir, la información producida en un proceso, puede c los datos, materia-prima, de otro proceso.

CONTEXTUALIZACIÓN HISTÓRICA

Antes de la popularización de los ordenadores, los sistemas de información en las organizaciones se basaban simplemente en técnicas de archivamiento y recuperación de informaciones de grandes archivos. Generalmente existía la figura del "archivador", que era la persona responsable de la organización, registro, catalogación y recuperación de los datos cuando era necesario.

Ese método, a pesar de simple, exigía un gran esfuerzo para mantener los datos actualizados, así como para recuperarlos. Las informaciones en papeles tampoco posibilitaban la facilidad de cruzamiento y análisis de los datos. Por ejemplo, el inventario del stock de una empresa no era una tarea trivial en esa época, ya que la actualización de los datos no era una tarea práctica y casi siempre envolvía a muchas personas, aumentando la probabilidad de producir errores.

A partir de la década de 90, el escenario mundial y las organizaciones comenzaron a sufrir cambios cada vez más drásticos y rápidos. Cada vez más personas lidiaban con un volumen mayor de informaciones, provenientes tanto del entorno interno, como del externo.

De hecho, con la globalización, se viene reduciendo el proteccionismo en los mercados y se ha ampliado la competencia externa en las empresas, creando la necesidad de buscarse nuevos estándares de calidad, insistiendo en la reducción de costes y el margen de beneficios.

Según Chopra y Meindel (2003), hubo un cambio en la tecnología adoptada por las empresas, que pasaron de plataformas del tipo mainframe hacia las plataformas cliente/servidor. En esta categoría de tecnología, destacan dos líneas de producto:

a. Aplicaciones basadas en el navegador: donde los usuarios sólo necesitan del acceso a Internet y de un navegador en su ordenador, por el cual accede al sistema. Cualquier información, o análisis queda disponible mediante el navegador. Esa tecnología no requiere muchos gastos con actualizaciones de software en el ordenador del usuario.
b. Proveedores de Servicios de Aplicaciones "ASP (Aplication Services Providers)": son empresas que alojan programas desarrollados por otros y alquilan el uso del producto a las empresas.

El ASP es responsable de la ejecución de las aplicaciones que el cliente alquila, incluyendo sistemas ERP.

Según Cardozo y Sousa (2001), los niveles básicos hasta entonces, estratégico, operacional entre otros, fueron revaluados y mostraron la necesidad de un nivel más elevado, en el cual se incluyera el "conocimiento".

Este cambio en la estructura organizacional de las empresas trajo consigo la necesidad de un nuevo tipo que consiguiera integrar todas las áreas funcionales de la empresa - producción, marketing, finanzas y recursos humanos - a modo de permitir facilitar la creación de conocimiento a partir de la información existente. Así fue el inicio del surgimiento de los sistemas ERP.

SISTEMAS ENTERPRISE RESOURCE PLANNING

ENCUADRAMIENTO TEÓRICO

Las siglas ERP traducida literalmente significa," Planificación de los Recursos de la Empresa", lo que nos transmite la realidad de sus objetivos.

Típicamente, un sistema ERP es un sistema de información integrado en la forma de un paquete de software compuesto por varios módulos, tales como producción, ventas, finanzas y recursos humanos, que nos aporta una integración de datos horizontales a lo largo de la organización y a través de sus procesos de negocio. Esos paquetes pueden ser personalizados de forma que respondan a las necesidades específicas de la organización.

Otro concepto, presentado Cooper y Kaplan (1998) hacen referencia a que un ERP ofrece a la organización un sistema operacional, financiero y de gestión integrado, siendo una estructura accesible que permite repartir cuotas de información por toda la organización y a todo el mundo.

También se puede definir un ERP como un sistema de software que permite a una organización automatizar e integrar la mayoría de sus procesos de negocio y datos comunes a través de toda la empresa y, por fin, producir y acceder la información en un entorno de tiempo real.

De este modo un sistema ERP propone esencialmente, eliminar la redundancia de operaciones y burocracia, al automatizar los procesos. Los módulos de un ERP permiten desarrollar y gestionar el negocio de forma integrada. Las informaciones son más consistentes, permitiendo una mejor toma de decisiones, en base a datos reales (Davenport, 1998). Para muchas empresas, estos beneficios se traducen en grandes beneficios de productividad y rapidez.

De una forma abrazada e integrada, estas actividades incluyen, por ejemplo, el desarrollo de producto; la compraventa de materia-prima y componentes; la interacción con proveedores y clientes, la gestión de stocks: la gestión de recursos humanos; la gestión de proyectos; entre otros.

Los sistemas ERP surgieron con la promesa de solucionar problemas relacionados con la obtención de informaciones integradas, con calidad y confiables para apoyar la toma de decisiones. De este modo se desarrolló en un único sistema, aportando funcionalidades que soportan las actividades de los diversos procesos de negocio de las empresas.

Estos sistemas tienen sus raíces en los sistemas MRP - Materials Resource Planning (planificación de las necesidades de material) -, tratándose de un proceso evolutivo natural proveniente de la manera de cómo la empresa genera el respectivo negocio e interactúa en el mercado.

El principio básico del MRP es el principio del cálculo de la cantidad de requisitos de items en un momento dado en base a las necesidades de los productos finales, en las informaciones de las estructuras de producto y en los datos del stock.

De una forma más práctica los sistemas MRP permitían gestionar y planear inventarios, explorando en busca de los productos finales a través de la planificación de una producción específica, es decir, de una tabla ordenada de órdenes de pedidos y de producción, incluyendo las cantidades en stock. Al módulo básico del cálculo de necesidades materiales se le fueron agregados módulos con otras funciones de la cadena de suministros como la planificación de la capacidad de producción (RCCP- Rough cut capacity planning y CRP- Capacity resource planning), la planificación de ventas y operaciones (S&OP- Sales and Operations Planning), la programación de la producción (MPS- Master Production Schedule), el control de compras (PUR- Purchasing), entre otros factores.

El MRP pasó, entonces, a recibir una nueva designación: MRP II. Según Correa y Gianesi (1994), "El principio básico del MRP II es el principio del cálculo de necesidades, una técnica de gestión que permite el cálculo, viabilizado por el uso de ordenador, de las cantidades y de los recursos de manufactura que son necesarios, para que se cumplan los objetivos de entrega de los productos con la generación mínima de stocks".

Sintetizando, el MRP II se centra en el objetivo de ampliar la cobertura de los productos vendidos, los proveedores de sistemas de software desarrollaron más módulos, integrados en los módulos de producción, pero con un ámbito que sobrepasa los límites de la propia producción. Estos nuevos sistemas, capaces de soportar las necesidades de información para todo el emprendimiento de la organización, recibieron la denominación de Sistemas ERP.

Los módulos identificados en la Figura 1 forman parte, de la estructura típica de la mayoría de los sistemas ERP existentes en el mercado. Además de estos, algunos sistemas ERP tienen módulos adicionales, tales como: Gestión y Control de la Calidad; Gestión de Proyectos; Gestión del Mantenimiento; entre otros.

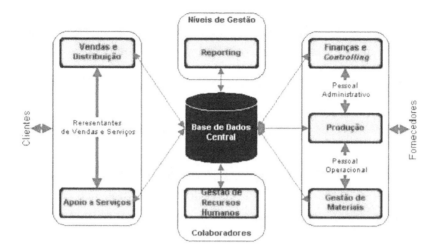

Figura 1: Estructura típica de funcionamiento de un sistema ERP Fuente: [Davenport 1998]

Un sistema ERP es la espina dorsal de la gestión de la información del negocio de la organización.

Kenneth Laudon y Jane Laudon (2001) definen la implementación cómo "todas las actividades organizacionales realizadas en la dirección sobre la adopción, gerencia y mecanización de una innovación". El ERP puede ser considerado como un sistema de información innovador que afecta a las dimensiones tecnológicas y organizacionales a lo largo del proceso de implementación.

De este modo este Sistema de Gestión Integrado permite una mayor fluidez de la información en toda la Organización, mejorando el conocimiento y la comprensión de las responsabilidades e inter-relaciones organizacionales.

Una Organización que trabaje como uno todo integrado aumenta la eficiencia operacional y mejora su rendimiento general, disminuyendo los riesgos y haciendo claras las responsabilidades.

CICLO DE VIDA DE UN SISTEMA ERP

A continuación, veremos la versión simplificada del modelo de ciclo de vida de Sistemas ERP proyectado por Esteves y Pastor (1999a y 1999b). Este modelo fue estructurado en fases y dimensiones. En este libro sólo veremos las fases definidas como diferentes estados del ciclo de vida de este sistema en la organización.

El ciclo de vida de un sistema ERP se divide en 6 fases, que son:

- Decisión y Adopción - Es la fase en la que los gestores se cuestionan la necesidad de un sistema ERP como solución tecnológica y de gestión y seleccionan el sistema de información que mejor responde a los desafíos críticos del negocio, teniendo como objetivo el perfeccionamiento de la estrategia organizacional. Esta fase incluye la definición de los requisitos del sistema, sus objetivos y beneficios, el análisis del impacto organizacional y del negocio provocado por la adopción del sistema ERP.

- Adquisición - Consiste en la selección del producto que mejor se adapta a los requisitos de la organización. Normalmente, también se selecciona una empresa consultora de software para ayudar en las fases siguientes del ciclo de vida del sistema ERP, especialmente, en la fase de implementación. Factores como el precio, formación de personal y servicios de mantenimiento son los que deben ser analizados y definidos en el acuerdo contractual. En esta fase también es importante efectuar un análisis de return of investment (ROI) del producto seleccionado.

- Implementación - Es en esta etapa en la que se da la cuantificación de los costes, parametrización y adopción del paquete ERP adquirido. Normalmente, esa tarea se realiza con la ayuda de consultores que disponen de metodologías de implementación, Know-how y formación personal. Es considerada la etapa más crítica del proceso, donde puede ocurrir la mayor parte de los problemas como, el tiempo que un proyecto de esta naturaleza lleva para poder implementarse, el peligro del dominio del desarrollo del proyecto de implementación por una función dada y la formación de naturaleza transversal en las organizaciones y los costes y dificultades de la formación, entre otros aspectos.

- Uso y Mantenimiento - Corresponde al uso del producto de forma a obtener los beneficios esperados. Durante esa fase se debe tener en cuenta los aspectos relacionados con la funcionalidad, usabilidad y adecuación a los procesos organizacionales y de negocio. Después de implementado, el sistema debe permanecer en mantenimiento para la corrección de errores, atenciones de pedidos especiales del usuario, e inclusión de posibles mejorías.

- Evolución - Representa la integración de más capacidades al sistema ERP para disponer de nuevos beneficios, como: advanced planning and scheduling, supply-chain management, customer relationship management, workflow, y expandir las fronteras a la colaboración externa con otros partners.

- Abandono - Es el estado en el que, con el surgimiento de las nuevas tecnologías, el sistema ERP actual o la estrategia del negocio es inadecuado y debido a ello los gestores deciden sustituir el sistema existente por un producto más adecuado a las necesidades organizacionales del momento.

La implementación de un sistema ERP es un desafío tanto tecnológico como social y hace que se haga necesaria una visión diferenciada de las innovaciones tecnológicas, dependiendo de un balanceo bien definido de como la organización será considerada como un sistema total.

Cada proyecto de implementación de un ERP presenta características propias que son definidas por los procesos y estrategias de la organización donde será implementado.

A pesar de estas diferencias, las implementaciones presentan, por norma general, los mismos tipos de dificultades.

A partir de la experiencia de una gran consultoría en el área de TI, esta propuso en base a su experiencia práctica - en el Know-how de los operarios de los varios equipos de profesionales de la empresa - una lista de 10 factores que pueden garantizar el éxito de la implementación de sistemas ERP:

- Obtener la participación activa de la alta gerencia (commitment);
- Implementar la gestión de cambios con el objetivo de reducir el "miedo" de los usuarios poco informados.
- Identificar a los usuarios-clave, que son indispensables en sus respectivos departamentos;
- Escoger a un Gestor del Proyecto que sea un profesional experto y respetado, a modo de caracterizar erróneamente el ERP como un sistema informático, pero sí como un rediseño del modelo de gestión de la empresa;
- Planear y realizar formaciones:

    o Definir claramente los diversos papeles en la implementación del sistema, a través de la unión de conocimientos y esfuerzos para el alcance del éxito;
    o Adaptar el sistema a la empresa y viceversa, reflejando la realidad actual de la empresa o la utilización de las mejores prácticas (best-practices);
    o Escoger la consultoría adecuada (Know-how);
    o Garantizar la calidad (Quality Assurance)
    o Simplificar en todos los sentidos

Algunos de estos factores coinciden con algunos autores como Nash et al. (2001) y Akkermans y van Helden (2002), sirviendo, así como una referencia para aquellos que se preparan para implementar un sistema ERP.

MERCADO DE SISTEMAS ERP

El mercado de sistemas ERP fue uno de los que creció más rápidamente en la industria de software (Willis y Willis-Brown, 2002).

Estos sistemas son bastantes complejos y necesitan de una planificación cuidada para garantizar el éxito de su implementación (Gupta, 2000).

Un estudio de la AMR Research muestra que el mercado mundial de aplicaciones de ERP fue de 25,4 billones de dólares en 2005 alcanzando en 2006 los 29 billones de dólares y que la perspectiva para el 2015 alcanza el valor de 65,2 billones de dólares.

Las organizaciones modernas están preocupadas con lograr una integración efectiva de sus sistemas de información y con la actualización de su base tecnológica. Los sistemas ERP presentan beneficios en ese sentido.

Existen varios tipos de sistemas ERP. Algunas de las empresas proveedoras de sistemas ERP son:

- SAP - Fundada en 1972 en Alemania por cinco ingenieros de IBM. Su sistema fue optimizado para gestionar los procesos de producción y gestión, logística y recursos humanos. Es considerada la mayor empresa proveedora de ERP a nivel mundial, ya que han sido una de las pioneras en este mercado;

- PeopleSoft - Su imagen de marca son los módulos de gestión de recursos humanos. Actualmente está direccionando sus productos hacia el área de servicios, con productos de control de costes;

- Oracle - Produce y vende aplicaciones ERP desde 1987, siendo la mayoría de sus clientes empresas conectadas a la producción y consumo de datos, siendo así un adversario directo de SAP. Curiosamente alrededor del 80% de los casos, el software de SAP opera sobre una base de datos de Oracle;

- Microsoft - Empresa multinacional norte americana fundada en 1975, frecuentemente abreviada como MS. Microsoft Dynamics NAVes la línea de la Microsoft destinada a las empresas. Anteriormente conocido por su nombre de proyecto Green, sustituye a la familia de aplicaciones de Microsoft Business Solutions. Esta familia de productos incluye un variado software como Microsoft Dymamics AX [ex-Axapta], orientado a la gestión corporativa - ERP;

- Primavera BSS - Empresa portuguesa de software, fundada en 1993. Desarrolla y comercializa soluciones de gestión y plataformas para integración de procesos empresariales, disponiendo de soluciones para las Pequeñas, Medias, Grandes Organizaciones y Administración Pública;

- Bann - Empresa fundada en 1978 por Jan Baan en Barneveld, Países Bajos, para prestar servicios de consultoría administrativa y financiera. Con el desarrollo de su primer paquete de software, Jan Baan y su hermano Paul Baan, se introdujeron en la industria de ERP. Baan ganó popularidad al inicio de los años noventa. El software Baan y era famoso por sus Dynamic Enterprise Modeler (DEM), arquitectura y su lenguaje 4GL.

- J.D. Edwards - Empresa fundada en 1977 en Denver, Colorado por Jack Thompson. Tuvo éxito en la creación de un programa de contabilidad para pequeñas empresas, el Sistema/38. La compañía fue añadiendo funciones a su software de contabilidad, en 1996 desarrolló una aplicación ERP a la que llamó

OneWorld. En junio de 2003, el consejo de administración de J.D. Edwards accedió a la oferta de adquisición de PeopleSoft, completándose la adquisición en Julio. OneWorld se añadió a la línea de productos de PeopleSoft.

En la Figura 2 encontramos los cinco principales proveedores de soluciones de sistemas empresariales: SAP, Oracle, PeopleSoft y J.D. Edwards y BAAN.

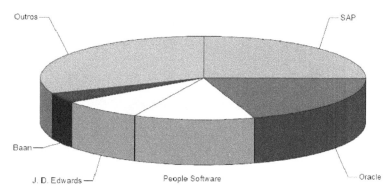

Figura 2: Principales Proveedores de Sistemas Empresariales Adaptado de: [Chorafas 2001]

Es importante destacar que cada empresa se especializó en un área determinada, es decir, la Baan en la producción, PeopleSoft en recursos humanos, SAP en logística y Oracle en el área financiera [Hossain et al. 2002]. El resultado es un mercado extremadamente competitivo, que presenta productos con características muy semejantes y difíciles de diferenciar. Esta competitividad alienta a las empresas proveedoras a actualizar continuamente sus productos y a añadir nuevas funcionalidades que puedan ser soportadas por la tecnología actual.

COSTES DEL ERP

Los elevados costes son el foco de las críticas a los sistemas ERP, además de las elevadas tasas de fracaso y complejidad de implementación. A causa de eso, se exige una gran inversión a nivel económico, humano y organizacional, durante todo el ciclo de vida del proyecto. Además de eso, el retorno de inversión no es visible a corto plazo. Por lo tanto, existe un riesgo y un coste considerable asociado al sistema, que no se resume solamente en la compraventa del hardware y software. El Retorno de la inversión - ROI (Return of Investment) es uno de los grandes engaños que la gerencia puede cometer, es decir, esperar que la empresa recupere el valor económico gastado con la implantación del sistema ERP, justo después de que la aplicación haya sido instalada y este operativa.
Según Brien (2007), los costes se amplían en por lo menos cinco áreas diferentes: en la reingeniería, en la compraventa de hardware, en la compraventa de software, en la formación y el proceso de cambio organizacional y en la conversión de datos, como podemos evidenciar en la figura 3.

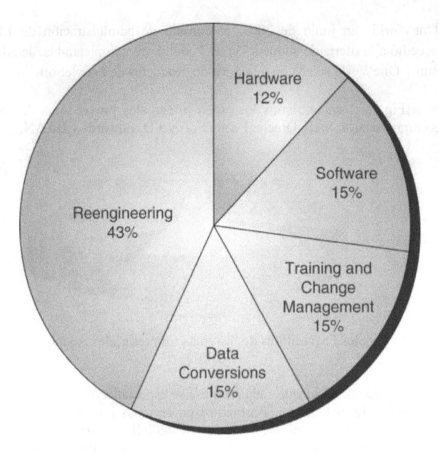

Figura 3: Costes de un sistema ERP. Fuente: O'Brien (2007)

Con la reingeniería organizacional, se desarrolla nuevos procesos empresariales, los cuales acarrean alrededor del 45% del coste total en la implementación del ERP en una empresa. Se trata de reinventar la empresa, transformar el negocio, definir nuevos objetivos y trazar nuevas estrategias para conseguir una ventaja competitiva sostenible. Por tanto, es necesario reestructurar administrativamente la empresa. Con el sistema ERP, la empresa se depara con la necesidad de analizar sus procesos de negocio y alinearlos al sistema en el que va a ser introducido.

Muchos recursos tendrán que ser reevaluados, principalmente los recursos humanos. Se sabe que el éxito de la implantación de un sistema ERP depende de las personas envueltas, que deben tener un conocimiento profundo del negocio de las tecnologías de la información. Como el software es demasiado complejo y los cambios en el negocio son drásticos, la empresa opta muchas veces por sustituir a buena parte de su cuadro de personal generando costes difícilmente medibles. La implementación de un sistema ERP en muchos casos significa la modificación radical de los procesos de negocio de las empresas, ya que realizan las modificaciones en los flujos organizacionales, culturales y en las estructuras organizacionales.

Los costes con hardware (12% del coste total), así como los costes con software (15%), son dados en el momento de la adquisición, lo cual implica modificaciones en la tecnología de la información existente. Esa modificación puede ser desde la modificación y/o actualización de la infraestructura hasta su sustitución integral.

Normalmente, después de la implementación del sistema ERP surgen ineficiencias en su operativa, lo que hace necesarias hacer ajustes de configuración. Aspectos como la capacidad de las redes de comunicación, servidores y las velocidades de procesamiento son importantes para la elección de esos elementos, así como la investigación de soluciones más avanzadas como la de Business Intelligence, data warehouses más robustos, pudiendo proporcionar inversiones que impulsen la competitividad de la empresa.

Alineando esos costes, tenemos que destacar los costes de averías. Se refieren a costes asociados a las paradas del sistema ERP. Estos normalmente son muy elevados y de gran riesgo, ya que las tareas no pueden ser satisfechas, los stocks necesitan ser actualizados y en ciertos casos eso puede causar total inoperatividad de la organización, produciendo pérdidas de pedidos y en la insatisfacción de los clientes.

Después de la selección del software ERP es necesario elaborar contratos de compraventas. Esos contratos son bastante heterogéneos. Existen contratos que se centran solamente en el número de licencias y número de usuarios, mientras otros incluyen factores como resultados de la organización y número de empleados. Normalmente, los fabricantes ofrecen reducciones de precio que dependen del número de módulos a adquirir o de aplicaciones extensibles, así como la compra de servicios de mantenimiento y actualización del software.

En el momento de la implementación se realizan los esfuerzos para la personalización del software ERP y para la adaptación a las necesidades organizacionales. Los datos que se introducirán en el nuevo sistema también constituyen un peso considerable en los costes del proyecto (15% del coste total). Esos esfuerzos también implican la inserción de datos adicionales para el funcionamiento adecuado del nuevo sistema, ya que la conversión de los datos de los sistemas existentes puede ser compleja y pueden llegar a ser inconsistentes, ya que no están adecuados a los nuevos formatos.

Los costes de formación y cambio organizacional también influencian en el cómputo total de los costes de un proyecto ERP (15% del coste total). Los costes de formación incluyen la formación del equipo del proyecto y de los usuarios finales. Esos costes normalmente son elevados porque los usuarios necesitan aprender un conjunto de nuevos procesos, no solamente el uso de un nuevo programa. Para minimizar los costes de formación de muchos usuarios, actualmente existen herramientas de formación a través de la Internet, expresamente conocidos como e-learning, o con el uso de videoconferencias, lo que disminuye el número de formadores y alcanza un mayor ámbito de formación.

En contrapartida, existe un coste asociado a la utilización del personal en el proyecto, donde el equipo del proyecto y el staff tienen muchas veces que mantener su trabajo y hacer más tareas relacionadas al proyecto. Los costes asociados al esfuerzo que el staff necesita hacer para mantener ambas posiciones y la respectiva caída de eficacia no son medibles, normalmente. La opción de mantenerlos a jornada completa en el proyecto puede significar la contratación de nuevos recursos, o pérdida temporal de productividad.

Aún en el proceso de implementación, muchas organizaciones contratan consultores, ya que no tienen el conocimiento técnico para efectuar el proceso. Estos incorporan su conocimiento, su experiencia y las metodologías de implementación, así como la formación de usuarios. También ayudan en la reingeniería de procesos organizacionales y de negocio. Sin embargo, es importante hacer una planificación bien estructurada del trabajo para el que van a ser contratados e identificar los objetivos de cada partner contratado, además de establecer medidas en el contrato de los consultores que obliguen el aporte de conocimiento a un número determinado de personas internas de la empresa, para que estos se hagan multiplicadores dentro del proyecto como un todo.

PUNTOS CRÍTICOS DEL ERP

En el momento de la adquisición y de la implementación del sistema ERP, es importante analizar algunos puntos y características importantes de los mismos, a continuación, vamos a ver una lista:

- El grado de flexibilidad y adaptabilidad del producto al modelo de negocio de la empresa, ya que son paquetes comerciales desarrollados a partir de modelos estándar, a través del proceso de parametrización;

- La integración de la información de todas las áreas de la empresa, a través de los módulos del sistema, pudiendo la empresa obtener una mayor fiabilidad en los datos adquiridos a través del sistema;

- La posibilidad de personalización, es decir, la adaptación del sistema ERP a las necesidades específicas de la empresa, integrando programas existentes y rutinas al nuevo sistema;

- Los costes de hardware y otras infraestructuras computacionales, adquisición de las licencias de uso del ERP, de formación y consultoría para la implantación;

- Los proveedores de sistemas ERP liberan periódicamente versiones actualizadas (upgrades), orientadas en las mejorías y en las correcciones de problemas y errores del sistema. Este proceso de actualización debe ser flexible y permitir la adecuación de la nueva versión con posibles personalizaciones efectuadas en el producto;

- En la mayoría de las veces, ese sistema fuerza modificaciones en los procesos productivos y administrativos de las empresas, por medio de su adaptación al sistema. Comúnmente son modificaciones complejas y pueden causar, en el comienzo, una serie de inconvenientes, hasta que todos estén adaptados a la nueva realidad. También deben estar alineadas a las estrategias de la empresa y sus objetivos a largo plazo, mereciendo, por tanto, grandes cuidados en su implementación;

El ERP tiene un gran impacto sobre los recursos humanos de la empresa. El perfil de los profesionales muchas veces será modificado, ya que se exigirá multidisciplinaridad y conocimientos que no siempre tienen los operarios actuales de la empresa. La empresa deberá optar por reciclar sus profesionales, o a veces sustituirlos. Esta última alternativa se refuerza también por el hecho que a partir de la automatización y, más que eso, de la integración entre los procesos, muchas actividades que eran realizadas manualmente, o en el sistema anterior, ya no serán necesarias. Muchas veces, puede haber cierta resistencia interna a la adopción del ERP, debido a desconfianza debido a una posible pérdida de empleo, o de poder, ya que habrá un mayor reparto de la información.

VENTAJAS DE UN SISTEMA ERP

Una de las ventajas de la implementación de ese sistema es que las empresas pueden eliminar los sistemas separados y/o ineficientes, por un sistema integrado de aplicaciones. Muchos de aquellos están desactualizados con los procesos actuales de trabajo y no tienen ninguna asistencia técnica de sus desarrolladores originales. Por ello, es extremadamente difícil repararlos cuando dan problemas y es casi imposible adaptarlos a las nuevas necesidades de negocio que puedan ocurrir. Por lo tanto, esas trabas acaban por impedir a las empresas a mantenerse competitivas e innovadoras.

Un sistema ERP ayuda a asociar las capacidades de los sistemas de información de la empresa a la evolución de sus necesidades de mercado, además de que, genéricamente, se espera que un sistema único mejore la calidad, transparencia y rapidez de la información, eliminando duplicidades e inconsistencia de la información.

También hay una oportunidad para la simplificación y perfeccionamiento de los procesos de trabajo de las empresas que adoptan ese sistema, ya que la competitividad empresarial exige que esos procesos sean lo más eficaz posible y orientados al cliente. Los proveedores de ERP reúnen un vasto abanico de conocimientos considerables para definir los mejores procesos de negocios. Se utilizan a la demanda de las exigencias de sus clientes potenciales y de las informaciones de instituciones de investigación y consultoría para después ser introducidos en el desarrollo de los módulos individuales, de forma que garantizan que sus utilizadores están usando un sistema basado en las mejores prácticas y con un elevado número de alternativas de funcionamiento.

Al ofrecer una base de datos integrada, el sistema de ERP ayuda a la mejoría del acceso a los datos para la toma de decisiones operacionales. A través de un conjunto de datos que dan soporte a todas las funciones empresariales, es posible proporcionar un excelente soporte a la toma de decisiones, permitiendo que las empresas ofrezcan servicios más diversificados y específicos. La combinación de internet con intranets y extranets crea un entorno de comunicaciones electrónicas, permitiendo el fortalecimiento de las relaciones con las entidades externas, las cuales integran su cadena de valor, por medio de la gestión integrada de los procesos inter-organizacionales.

Más allá de eso, la implementación de un sistema ERP incentiva a las empresas a actualizar y simplificar la tecnología de la información que emplean. Al determinar el hardware, los sistemas operativos y las bases de datos que van a ser utilizados, estas pueden estandarizar su tecnología y proveedores, reduciendo los costes de mantenimiento y soporte, así como la cantidad de formaciones para aquellos que sostienen la infraestructura. También es posible encontrar en el mercado sistemas especializados para aplicaciones y segmentos de mercado específicos. Aún con los formatos más estandarizados, estos son altamente configurables y adaptables, ofreciendo incontables alternativas de funcionamiento.

DESVENTAJAS DE UN SISTEMA ERP

A pesar de todas las muchas ventajas estratégicas que el sistema ofrece, su implementación continúa siendo lenta, difícil y cara. No es un proceso simple, ni automático. Muchas empresas tardan años en concluir ese proceso y cuando sucede, los problemas, los gastos pueden aumentar potencialmente. A veces, el sistema no está bien configurado para adecuarse a los procesos empresariales internos o los datos no han sido formateados correctamente para el nuevo sistema y se producen fallos de comunicación. Eso implica costes de transacciones, cambios organizacionales fallidos, entre otras consecuencias inevitables.

En algunos casos, las empresas necesitan adaptarse a los procesos de trabajo a los cuales el ERP da soporte y efectúan cambios profundos en el modo de cómo trabajan, los cuales pueden ser drásticos. Hay un mayor riesgo de inflexibilidad y complejidad en el cambio. Por ejemplo, la utilización del sistema exige profesionales más cualificados, culminando en procedimientos de despido, desmotivación y aversión al cambio por parte de los empleados actuales. Implementar un sistema ERP requiere inmensas cantidades de recursos, a los mejores operarios que lidian con sistemas de información y mucho soporte administrativo.

También es conocido el riesgo en la elección de implementar un sistema único como el ERP. Primero porque la mayoría de las empresas normalmente utilizan otros sistemas que necesitan ser integrados al ERP y sin embargo, estos son incompatibles.

Segundo, la empresa incurre en un coste asociado al cambio del proveedor. Como este es responsable del mantenimiento y perfeccionamiento del sistema, crea una elevada dependencia del cliente ante el proveedor, la cual es importante evaluar no solamente la calidad del producto, sino la elección correcta del proveedor como un partner de negocio a largo plazo.

IMPACTO DE LOS SISTEMAS ERP EN LAS ORGANIZACIONES Y EN LA CONTABILIDAD

El impacto de esos sistemas de información ha sido blanco de incontables estudios, ya que desde los años 90, la innovación, la complejidad y la dimensión de los proyectos ERP atrajeron muchas atenciones. A través del concepto del sistema único de aplicaciones, hubo una integración de los diversos sistemas en una empresa, reduciendo considerable del tiempo de ejecución de los procesos. Además de eso, hubo una mayor transparencia y la fiabilidad de la información transportada por el sistema, así como posibilitó la reingeniería de la estructura y de la cultura organizacional, y un mejor soporte a la estrategia empresarial.

También es verdad que los cambios tecnológicos, políticos y económicos incentivaron a las empresas a reorganizarse, a modo de responder a las exigencias del mercado competitivo. La cuestión de la gestión de la información introducida en los sistemas de información se hizo una herramienta esencial para la obtención de ventajas competitivas empresariales.

A pesar del impacto negativo relacionados a la complejidad de implementación y a los elevados costes, que conducen a elevadas necesidades de inversión y en potenciales riesgos de suspensión de pagos, los sistemas ERP proporcionan a las organizaciones valiosos beneficios, ya que ayudan a mejorar la calidad y la eficiencia del servicio a los clientes, creando un entorno para integración y de mejoría de los procesos de negocio internos y de la relación inter-organizacional.

Estos proporcionaron el desarrollo de nuevas técnicas y sistemas de diversas áreas empresariales, expresamente en la Contabilidad y del Control de la Gestión.

Cooper y Kaplan (1998), por ejemplo, analizaron las ventajas que los ERPs pueden traer a la implementación de los sistemas ABC.

Las mejores prácticas introducidas en los sistemas llevan a las empresas a reciclar sus métodos de trabajo, introduciendo nuevas herramientas y técnicas operacionales. Con la automatización, es común que se reduzcan las necesidades de personal en las áreas de contabilidad, expresamente en las actividades de recogida y procesamiento de información, pero que a la vez van a crear nuevas oportunidades a los profesionales de esa área, principalmente en la manipulación de datos no financieros.

Cada vez más se exige al profesional la comprensión de los procesos de negocios de la organización, y consecuentemente, la obtención de nuevas cualificaciones técnicas y de conocimiento.

CONCLUSIÓN

Cada vez más las organizaciones buscan mejorías significativas en el rendimiento de su negocio, tales como la reducción de costes, mayor calidad, mejor servicio o más eficiencia. Para eso invierten en sistemas de información cada vez más eficientes adaptados a su realidad. Los sistemas ERP presentan beneficios en ese sentido.

Podemos concluir que el uso de la tecnología de la información como soporte para los procesos de negocio de las organizaciones creció drásticamente con el desarrollo de las tecnologías de comunicación. Se ha sugerido que las nuevas tecnologías como los ERP`s posibilitan presentar la información detallada de las operaciones empresariales mediante la tecnología informática y que como tal presentan una mejor forma de gestión. Un ERP ofrece a la organización un sistema operacional, financiero y de gestión integrada, siendo una estructura accesible que permite repartir cuotas de información por toda la organización y por todo el mundo. Así, la preocupación a las dificultades y limitaciones presentadas por este tipo de tecnología deben ser maximizadas en pro de una efectiva obtención de estos beneficios.

CARACTERIZACIÓN TEÓRICA DEL SISTEMA ERP

En este capítulo, veremos las referencias teóricas de base para el estudio de casos múltiples. De entrada, veremos conceptos básicos como Tecnología de la Información (TI), para que se tenga mejor entendimiento de las bases. Enseguida, los conceptos de ERP en la visión de los autores, así como los puntos importantes de la utilización de ese sistema en las organizaciones. El ERP es un sistema que tiene todas las funciones esperadas por una organización, en cuanto al nivel integral de las operaciones, y en el adecuado funcionamiento. Sin embargo, normalmente son utilizadas otras herramientas tecnológicas para mejorar la gestión de la organización, porque existen áreas específicas dentro de las organizaciones que cuentan con tecnologías que extrapolan las posibilidades del ERP.

A pesar de que los Sistemas ERP caractericen la evolución tecnológica dominante en las organizaciones, su funcionamiento está relacionado a los preceptos básicos, como la conversión de los datos en informaciones y la idea tradicional de los sistemas.

Aun siendo tecnológicamente superior, la gestión de la información continúa representando el elemento central, y su objetivo se mantiene centrado en la toma de decisiones. Albertão (2005) nos recuerda que son los datos que, tras ser procesados, dan origen a la información, precepto orientador de todos los sistemas de información decisorios. La calidad de los datos y la manera correcta de utilizar el sistema ERP son muy importantes para que se puedan obtener los resultados adecuados. El factor humano continúa siendo primordial, aún con el incremento de los sistemas. Aunque la información sea un activo intangible y complejo, y difícil de medir, su valor es reconocido por las organizaciones, y es la principal característica de la Era de la información y conocimiento en la que vivimos en la actualidad. La información es vista como el principal activo o diferencial competitivo de una organización.

La idea de un sistema ERP es que igual de extensiva para todas las aplicaciones de una organización. Además de la integración interna, la idea es que ese sistema sea interconectado con otros servicios necesarios y en muchas ocasiones, como en la frontera con los proveedores. Para Medeiros Jr. (2009), la ERP trata de unir aplicaciones, automatizar e integrar los procedimientos empresariales, contemplando las diversas áreas de una organización y teniendo como objetivo la obtención de informaciones en tiempo real de las operaciones. Como piensa Albertão (2005), la idea del ERP como software de integración procesal, multi-modular en la perspectiva técnica, contempla el objetivo de promover una visión amplia de la organización. Como caracterizan Zwicker y Souza (2006, p.64), los ERPs "son construidos como un único sistema de informaciones que atiende simultáneamente a los diversos departamentos de la empresa, en oposición a un conjunto de sistemas que atienden aisladamente cada uno de ellos". En vez de tener diversos sistemas para cada departamento, un único sistema hace la gestión de todas esas áreas, lo que favorece a la convergencia de datos y en la reducción de las redundancias y errores.

En términos de evitar inconsistencias (redundancia, errores y otros problemas), el ERP es importante en la cuestión de evitar la fragmentación de las informaciones, que es muy común cuando una organización cuenta con muchos sistemas no relacionados.

Para trabajar en plataforma única, o al menos integrada directamente con aplicaciones compatibles, el sistema ERP es capaz de evitar esos problemas con la ventaja de operar en un único software, que cuenta con una gama de funcionalidades que soportan las actividades de los diversos procesos de las empresas. El ERP adecuado es aquel que es capaz de proporcionar todas las necesidades de información de la empresa, atendiendo a los intereses de los diversos sectores, con una base de datos única en la cual no sucede el problema de la redundancia de contenidos.

Esos sistemas tanto pueden ser desarrollados por la organización, como ser adquiridos en paquetes. La visión de Ferreira y Silva (2004) es un poco diferente de la que vimos hace un momento, y se basa en que el ERP es un conjunto de aplicaciones agregadas que establecen las relaciones de información entre las diversas áreas de la empresa, destacando la calidad de las informaciones.

En esencia, los conceptos convergen en la integración entre las áreas y en la calidad de contenido.

La ERP se caracteriza por ser un conjunto de sistemas que tiene como objetivo agregar y establecer relaciones de información entre todas las áreas de una empresa. El objetivo son las mejorías en los procesos administrativos y de producción. El objetivo principal está en los datos confiables, monitorización en tiempo real y reducción/eliminación del retrabajo. En la perspectiva de Bittencourt, (2007, p.26), el ERP se constituye en la "herramienta estratégica que equipa a la empresa con las capacidades de integrar y sincronizar funciones aisladas, en procesos optimizados, para obtener ventajas competitivas en un turbulento entorno de negocios". El objetivo reside en el control y soporte de los procesos de la empresa a través de un sistema integrado y único. Se trata de la plataforma integrada de "sistemas genéricos capaces de integrar todas las informaciones que fluyen por la empresa por medio de una base de datos única". Como complementan Mendes y Escrivão Hijo (2007), los ERPs son sistemas que cuentan con una base de datos únicos y permiten la integración de los diferentes sectores de la organización. El objetivo es garantizar el flujo de informaciones entre las diferentes áreas, con miras a una mejor gestión de las informaciones y en la toma de decisiones.

Además de favorecer al control, flujo y uso de las informaciones, el ERP promueve mayor seguridad y rapidez en las tareas, nuevas posibilidades de procesos y estrategias, además de potencializar la gestión del conocimiento, que puede ayudar en la ganancia de ventaja competitiva. En la comprensión de Albertão (2005), en el aterrizaje de la gestión, el sistema ERP favorece en tres puntos, respectivamente en la identificación de los estándares de calidad, productividad y de participación en la organización. La herramienta favorece los procesos y la planificación en todos los niveles de la organización. Castro (2010) enfatiza la idea de "sistema integrado" en función de las informaciones que queden disponibles en el ERP para todos los participantes en la utilización de estas en el entorno de la organización para múltiples procesos.

CARACTERÍSTICAS ESPERADAS DE UN SISTEMA ERP

El punto de partida al uso del ERP en el entorno empresarial, como para cualquier otro aparato de TI, es la identificación de su necesidad. La claridad de los motivos para la utilización de un Sistema ERP es esencial para el alcance de los objetivos. En base a las prerrogativas de Haberkorn (1999), algunos de esos elementos esperados están descritos abajo, los cuáles deben ser analizados detalladamente por la organización que adopta un ERP.

Rutinas Genéricas: la capacidad de procesamiento del ERP debe ser identificada, como, por ejemplo, para casos de múltiples plantas y filiales. Los estándares deben ser determinados, lo que puede hacerse mediante una atribución compleja conforme a la organización de la empresa. Además de esos elementos, el acceso a las aplicaciones generales debe estar asegurado, así como la seguridad y las directrices de acceso conforme a las responsabilidades. Se debe alcanzar cierta facilidad de uso.

- **Gráficos**: son herramientas importantes en sistemas ERP. Esas representaciones gráficas deben proporcionar calidad al tomador de decisiones. Además de la facilidad de interpretación, es necesario que sea fácil la elaboración de esos instrumentos para los usuarios.
- **Financiero**: las operaciones financieras elementales de la empresa deben ser gestionadas por el ERP. Lo ideal es que también sirva como soporte al flujo de caja y al control presupuestario, a través de simulaciones. Las operaciones contables, operaciones de diversas naturalezas además de las comparaciones entre periodos son beneficios que deben ser considerados.
- **Contabilidad**: debe permitir la consolidación entre la matriz y las filiales. Debe contemplar una serie de operaciones tales como los cierres inmediatos, correcciones e integración. Debe permitir operaciones entre las diferentes monedas con ajustes automáticos, por ejemplo, en base a la cotización del día de referencia, además de proveer históricos completos. El control presupuestario puede ser realizado por periodos de 12 meses, en diferentes monedas, por grupos de cuentas o con otros parámetros. Las herramientas básicas son viables para el ERP, como el mantenimiento patrimonial, razón, diarios, balancetes, balances, demostraciones y otros.
- **Stock y Costes**: proporcionan cálculos de costes online, cálculo de costes de almacenes (individuales o en grupos), stocks en consignación, de entre otros. Permite estadísticas de calidad, certificados de garantía, así como informes de órdenes de producción. Permite identificar las estadísticas de pérdidas, de piezas o de productos acabados, costes de materia-prima, que puede ser convertido en diferentes monedas. Evolución y variaciones del coste real, ociosidad de recursos productivos y de la variabilidad en el consumo de recursos industriales. De entre los cálculos hay que destacar, que permite calcular el lote económico, la presentación de la curva ABC, y los puntos de pedido. Coste de almacenaje y el

plazo de validez son identificados.

- **Planificación y Control de la Producción (PCP)**: es viable dar de alta la estructura, para que los controles de componentes estén orientados por validez y stock. Proporciona un panel gráfico de control y permite órdenes de producción por diferentes criterios, además de relevar una serie de factores determinados o establecidos automáticamente.

- **Carga Máxima**: permite la trazabilidad desde el inicio hasta el fin de los ciclos. El control puede seguir diferentes criterios, como tiempos diferenciados, desdoblamientos, disponibilidad de la herramienta, operaciones esporádicas y disponibilidad de materia-prima.

- **Compras**: a partir del punto de pedido, el sistema hace la solicitud de compras. Puede emitir y controlar la cotización de compras, así como de manera automatizada seleccionar los proveedores conforme a los parámetros establecidos.

Además de los criterios expuestos arriba en base a la perspectiva de Haberkorn (1999), tenemos otros elementos del ERP también pueden ser determinados. Por ejemplo, cuestiones asociadas a los criterios: Facturación (histórico; reservas; cotizaciones); Fiscal (registros de entrada/salida e inventarios); Activo Fijo (evaluaciones/ reevaluaciones de bienes); Hoja de Pago y Recursos Humanos (control de la hoja de pagos, gestión de obligaciones laborales y formación); Punto Electrónico (registros y control); y, Tiendas y Comercio al por menor (productos/ventas).

HERRAMIENTAS TECNOLÓGICAS COMPLEMENTARIAS AL ERP

Junto al sistema ERP, se suelen utilizar en paralelo otras herramientas de información por las organizaciones que tienen un uso intensión de información. El motivo de integrar las aplicaciones diferentes al ERP consiste en la posibilidad de ampliar los beneficios a la organización. Esas herramientas son variadas, y promueven beneficios puntuales. La primera de esas herramientas es el Customer Relationship Management (CRM), que busca mayor relación entre empresa y los clientes. El concepto propuesto por Brambilla, Sampaio y Perin (2008, p.109) dice que el CRM es "una estrategia de gestión que utiliza informaciones del mercado y de la empresa, y viabiliza la identificación y la atención de las necesidades de los clientes". En otras palabras, CRM es la aplicación, y la filosofía de relacionamiento, organizándos entre empresa y clientes, teniendo en vista el mantenimiento de los negocios a lo largo del tiempo.

Además de CRM, otra aplicación utilizada comúnmente por las organizaciones es el sistema de contacto telefónico con los clientes, o Call Center. Este, en muchos casos, está integrado al CRM, y puede ser anexionado también junto a la base de datos del ERP. Ese concepto, en la actualidad, extrapola el uso del teléfono, es decir, Call Center se refiere la "utilización de telecomunicaciones e informática" en la comunicación entre empresa y clientes.

También podemos contar con una serie de herramientas que son relevantes en la integración tecnológica, que vamos a ver brevemente presentadas conforme la comprensión de Albertão (2005) cómo, por ejemplo, los sistemas de Supply Chain Management (SCM), una evolución del ERP para una perspectiva además firme, es decir, para la integración entre la empresa y los proveedores, en toda la cadena de valor. Si tenemos las herramientas de Business Intelligence (BI), las cuáles fundamentalmente representan una interface para la toma rápida de decisiones por parte del gestor, la cual "integra en un sólo lugar todas las informaciones necesarias para proceso decisorio de los ejecutivos de las organizaciones". Las soluciones como los Data Warehouse, Data Mining y Workflow sirven respectivamente para agregar inteligencia de modo consolidado en depósito de datos, en la identificación y predicción de negocios basados en datos y se usan para la mejora en el flujo de procesos de la organización.

METODOLOGÍA DE LA INVESTIGACIÓN: ESTUDIO DE CASOS MÚLTIPLES

La investigación consiste en "una acción de conocimiento de la realidad, un proceso de investigación minucioso y sistemático para conocer la realidad, sea esta natural o social". Se trata del "procedimiento racional y sistemático que tiene como objetivo proporcionar respuestas a los problemas que son propuestos". En los términos presentados por los autores, el presente estudio consiste en la investigación acerca de una actividad social, que es la utilización del sistema de ERP en el entorno conocido como empresa u organización. El objetivo consiste en la identificación de diferentes usos, o perspectivas y parecidos acerca de lo que representa el sistema ERP en el contexto de diferentes negocios.

Por ser una investigación acerca de la recogida de percepciones en un contexto poco conocido, la opción fue llevar a cabo un Estudio de Caso del tipo Múltiple, o Multicasos, para buscar así las comparaciones sobre el uso del sistema ERP. La investigación es cualitativa, donde la idea principal es "captar la perspectiva de los entrevistados, sin partir de un modelo preestablecido". A pesar de que la teoría se utiliza como forma de identificar elementos a ser cuestionado, el estudio no contó con una definición previa de categorías analíticas. El estudio conducido consiste, como entiende Creswell (2007), en cualitativo-exploratorio. En base a los presupuestos de Yin (2005), el Estudio de Casos Múltiples fue desarrollado a través de la comparación sistemática entre la intervención desarrollada en cada una de las cinco empresas ficticias creadas por conveniencia, de diferentes sectores, para la atención de los objetivos establecidos. A continuación de la metodología, la descripción de los procedimientos de recolección de datos, y posteriormente, los procedimientos analíticos utilizados.

PROCEDIMIENTO DE RECOLECCIÓN DE LOS DATOS

Con miras a los objetivos establecidos, el formato inicial para la recolección de datos adoptado en el estado inicial es el de la entrevista, lo que se caracteriza como el acto de hacer preguntas. Las entrevistas se llevan a cabo en base a un guion semiestructurado, el cual es elaborado en base a la teoría. El objetivo de las entrevistas es "entender los significados que los entrevistados atribuyen a las cuestiones y las situaciones en contextos que no fueron estructurados anteriormente". Para Marconi y Lakatos (2002), la entrevista es una técnica tradicional en investigaciones de carácter social. Se entiende que, aun siendo una tecnología, el ERP y su utilización está inmersa en la significación de los actores.

Las entrevistas se realizan en el primer semestre del año 2014. La caracterización de los entrevistados está delimitada al principio en la etapa analítica, al comienzo de las descripciones de cada organización. Todas las entrevistas tienen una duración de entre 30 minutos y 1 hora, son grabadas y posteriormente transcritas para su uso en la etapa de análisis de los resultados. El guion de entrevistas cuenta con un total de 15 cuestiones abiertas. Además de las entrevistas, la observación en las empresas y el análisis documental son los procedimientos complementarios en el análisis de los casos.

PROCESO DE ANÁLISIS DE LOS DATOS

El análisis de los datos es llevado a cabo a través de la comparación entre los casos de estos con la teoría. Entretanto, la triangulación respeto al precepto de preservar las historias y evidencias en contexto, es decir, las empresas de entrada son analizadas individualmente, para la posterior comparación entre sus diferencias y/o similitudes. La referencia central de análisis destaca que se debe desarrollar un análisis a partir de las informaciones suministradas por el participante.

En base a los datos primarios (entrevistas), los datos secundarios (análisis documental), y en la observación en las empresas (en los locales donde se realizan las entrevistas), los resultados son contrastados con la teoría y entre los casos. El proceso analítico está compuesto por la caracterización de cada organización, del análisis individual de cada una de ellas, y de un análisis comparativo entre los casos.

CARACTERIZACIÓN DE LAS UNIDADES DE ANÁLISIS

Las empresas participantes de este estudio representan diferentes tamaños y segmentos. Se han escogido los cinco diferentes sectores de actividad, con miras a la diversidad contextual. Conforme a la determinación en conjunto de las organizaciones, sus nombres y representantes se han creado de manera ficticia.

Las empresas serán caracterizadas en A, B, C, D y E. los entrevistados serán mencionados por cargo, no por nombre.

La empresa A es líder en el segmento de cigarrillos en España, con actuación en toda España y América Latina, en cuánto a B, esta es una gran empresa del sector logístico, de transporte y almacenaje. La empresa C es de tamaño medio, y se dedica sólo en la construcción civil en Madrid, la organización D trabaja a nivel nacional, en el sector de seguros, con el foco centrado en empresas y profesionales de Arquitectura y de Ingeniería. Por último, E es una empresa de venta al por menor en expansión. Abajo, veremos la breve caracterización individual de cada una de las organizaciones.

EMPRESA A: MANUFACTURA

Fundada en Madrid en 1903, trabaja en todas las etapas del proceso productivo de cigarrillos. Controlada por un grupo internacional, además de ser una de las líderes en el segmento en el mundo, es la líder en España y en América Latina. El cigarrillo es un producto considerado de consumo en masa.

En el mercado español, representa cerca de 60% del mercado tabaquero y es uno de los diez mayores contribuyentes en términos de impuestos al Estado Español. En la cadena productiva, emplea aproximadamente 240 mil colaboradores en diferentes etapas (producción agrícola, fábrica, ventas etc.). La unidad contemplada en la investigación se sitúa en la región metropolitana de Madrid, y produce aproximadamente 45 billones de cigarrillos cada año. La planta productiva visitada es una de las más modernas del sector de España, y cuenta con una serie de certificaciones internacionales de calidad.

EMPRESA B: SERVICIOS LOGÍSTICOS

Es una organización con más de 30 años de actividad, desde 1984 ofreciendo soluciones de logística, transporte y almacenaje. Atiende a toda España, personalizando los servicios conforme el cliente. La filial de Sevilla fue la seleccionada para el estudio. En el sur de España, es una de las mayores y más modernas empresas en su segmento, siendo el Centro de Distribución (CD) de Sevilla uno de los mayores de España.

La empresa tiene grandes áreas de almacenaje y cuenta con aproximadamente 4 mil colaboradores. Tiene 39 unidades operacionales, localizadas en 14 provincias españolas. Su flota cuenta con más de 640 tipos de vehículos y equipamientos para la logística. El sistema ERP de la organización es entendido como una herramienta totalmente integrada, en tiempo real, y despunta como un diferencial competitivo en el sector logístico. La empresa es sostenida filosóficamente por tres pilares, respectivamente: personas, procesos y tecnología.

EMPRESA C: CONSTRUCCIÓN CIVIL

Empresa familiar, de tamaño medio, fundada en 1974 por dos socios. Trabajan en el sector de la construcción civil, con 10 operarios en el área estratégica, 100 obreros, y también realizan contrataciones con terceros de acuerdo a las necesidades. Ya han concretado la construcción de más de 1500 inmuebles, los cuáles según la comprensión de la empresa deben ser bonitos, prácticos, confortables y espaciosos, además de una calidad elevada. Cuentan con el reconocimiento en el área de actuación.

El foco, además de los elementos mencionados, es trabajar con excelencia en las construcciones, haciendo la entrega de los inmuebles de acuerdo a los plazos establecidos y utilizar las técnicas más modernas disponibles en el ramo de la construcción. La satisfacción de los clientes es mencionada como un aspecto muy relevante en los objetivos de la organización. La principal área de actuación de la organización es la Comunidad de Madrid, en especial la Capital.

EMPRESA D: SERVICIO DE SEGUROS

Constituida en 1995, la empresa D tiene como principal negocio la correduría de seguros. Uno de los principales productos vendidos es el "Seguro Garantizado", un tipo de servicio relacionado con el cumplimiento de obligaciones contractuales, por ejemplo, en licitaciones públicas. La migración a un servicio diferente, en la Comunidad de Madrid, cambió el objetivo hacia los seguros relacionados con la protección de fallos técnicos en la ejecución de obras, más orientado a los profesionales de Ingeniería y Arquitectura.

La empresa cuenta con tres socios y sólo cinco operarios, divididos en tres áreas (comercio, finanzas y emisión/registro). La organización se centra en seguros relativos a las profesiones de arquitecto e ingeniero y busca consolidar y ampliar el servicio de seguro.

EMPRESA E: VENTA AL POR MENOR

Con más de 50 años de actividad, y fundada en octubre de 1964, es una de las líderes en su segmento de actuación. Además de la matriz de Madrid, cuenta con tiendas en toda la región sur, en Andalucía y Murcia. Además de la matriz en Madrid, cuenta con un CD de 35 mil metros cuadrados en la región metropolitana. Durante los años 2002 y 2003, se expandió con plantas en Valencia, Galicia y Cataluña, además de nueva planta en Madrid, en la ciudad de Getafe.

Uno de los segmentos de actuación de la organización, que se especializa en la venta al por menor, es el sector de material tranvía, el cual incorpora tecnologías punta en los procesos. En el segmento de mantenimiento, reparación y operaciones, cuenta con la mayor tienda de América Latina, con 5 mil metros cuadrados, inaugurada el año de 2012 en la ciudad de Sao Paulo.

Tiene hoy un total de 14 tiendas en las Comunidades Sur, Sudeste y Nordeste y cuenta con cuatro CDs localizados en Madrid, Galicia, Andalucía y Cataluña. Emplea más de 2000 colaboradores, 950 sólo en el área comercial. Tiene más de 30 tiendas en el formato de negocio "in Company".

ANÁLISIS INDIVIDUAL DE LAS ORGANIZACIONES ACERCA DE LA UTILIZACIÓN DEL SISTEMA ERP

A pesar de las diferencias entre los negocios, y en la utilización de la tecnología realizada para cada una, el punto analítico en común es que las cinco empresas estudiadas utilizan sistema ERP. En base al guion de entrevistas generado a partir de la teoría, las perspectivas de cada empresa en relación al ERP fueron recogidas. Además de las cuestiones del guion semiestructurado, al final de las entrevistas, los participantes fueron invitados a suministrar informaciones complementarias acerca del sistema. En este capítulo del estudio, cada empresa es analizada de manera individual.

ANÁLISIS DEL ERP EN LA EMPRESA A: MANUFACTURA

En la empresa A, la entrevista fue realizada con un Analista de Mantenimiento. En base a las historias del entrevistado, la estructura y la cultura organizacional están direccionadas hacia la innovación, fundamentadas en valores organizacionales. La estructura de la organización es departamental, en virtud de las diferencias en los procesos. El ERP fue implantado en 1995, con el objetivo de integrar los procesos de la empresa y los departamentos (unificación).

En el proceso de implantación del sistema, hubo formación, a través de la selección de facilitadores y multiplicadores, en función de la formación se realizarán en otro local. Existen formaciones constantes y, cada intercambio de cargo, a través de promociones, el colaborador es formado para la nueva función (en relación al uso del sistema ERP). Actualmente, las formaciones de cualificación se realizan en Madrid, pero la proveedora del sistema tendrá la capacidad de formar a un breve número de trabajadores en una planta instalada Barcelona, en el municipio de Tarragona.

El software adoptado en la Empresa A fue comprado y puede ser modificado por la propia empresa. La organización tiene un sector propio referente las modificaciones, cambios y personalización del ERP. El sistema integra las plantas de España y América Latina, con un servidor situado en España. El ERP adoptado es compatible con otros softwares e interactúa con sistema logístico acoplado.

Para A, el uso del ERP es estratégico, ya que suministra las entradas para la toma de decisiones. Cuando los informes son muy relevantes, se acostumbran a imprimir y se muestran en las reuniones. Las informaciones financieras y contables son entendidas como adecuadas, gracias al uso del sistema. Otra funcionalidad de primer orden es el control de stocks, así como las órdenes de compras, que están programadas en el sistema, lo que reduce la intervención humana y permite contratar más personas en otras actividades. El control de las entregas y necesidades de la empresa también es destacado por el participante.

Ponderando entre los puntos positivos y negativos, el entrevistado fue conciso. Como punto positivo, o ventajas del ERP, destacó el flujo constante de informaciones como una ventaja competitiva, que sucede de manera completa y en tiempo real. El punto apuntado como negativo es la total dependencia de la organización al sistema, ya que si se producen paradas muy significativas en la aplicación pueden representar una parada en la línea de producción.

ANÁLISIS DEL ERP EN LA EMPRESA B: SERVICIOS LOGÍSTICOS

En la empresa B, fueron entrevistados dos colaboradores, uno del sector de TI y otro del financiero. El colaborador de TI ya tiene mucha experiencia en la organización, mientras que el del sector financiero es nuevo en la función ya que ha sido transferido del sector de suministros y compras. Las entrevistas fueron analizadas en conjunto, contemplando a ambos colaboradores. En relación al aspecto cultural de la organización, la caracterización de funcionamiento es el de una empresa que trabaja por procesos, aunque formalmente existan departamentos. El ERP está siendo utilizado desde el inicio de la actividad, como parte de la estrategia de mercado. El objetivo es el control y la seguridad de las informaciones, además de su disponibilidad en tiempo real. En términos de formaciones, la organización no las practica regularmente y las informaciones y la ayuda provienen de los compañeros de sector.

A pesar del comienzo con un sistema ERP contratado, el software actual es desarrollado por la empresa. El factor justificativo para el cambio de un sistema comprado por otro propio es el alto coste al que se enfrenta la empresa por las ampliaciones y modificaciones en el software contratado. Con el ERP propio, las modificaciones son llevadas a cabos con rapidez, lo que proporciona una mayor agilidad de respuesta a los clientes. En la perspectiva del colaborador del área de TI, el sistema propio presenta ventajas, como la resolución inmediata de problemas, pero en el entorno interno. A pesar de viable, la organización B no trabaja con otros sistemas integrados al ERP. El ERP es entendido como estratégico, en especial en las tomas de decisión y en los procesos de control (controladora de la empresa).

Se utilizan muchas informaciones financieras a través del sistema, siendo los informes, en algunos casos, visualizados en el propio sistema y, otras veces, siendo impresos. Los contratos también son gestionados vía ERP, lo que permite identificar derechos, cobertura de servicio y muchos elementos de interés de los clientes, como los precios. Como ventajas del ERP, los entrevistados mencionaron la integración de las informaciones en sistema único, facilidad de utilización y la ayuda en los procesos organizacionales, lo que destacan es la representación de la realidad de la empresa. La seguridad fue otro criterio identificado como positivo. En términos negativos, ambos entrevistados no supieron informar y no consideran que existan.

ANÁLISIS DEL ERP EN LA EMPRESA C: CONSTRUCCIÓN CIVIL

En la empresa C, el colaborador de la entrevista fue el gerente general de la empresa. En la comprensión de lo entrevistado, la empresa está dividida en procesos, pero con áreas bien definidas. Los motivos que llevaron al uso del ERP surgieron en virtud del crecimiento del negocio, por la necesidad de mejor control de las actividades, reducción de costes e integración procesal.

El sistema ERP fue implantado en 2008 y no hube formación. La implantación del ERP fue recibida con alto índice de resistencia, el cual perdura hasta el momento de esa investigación. Los operarios que nunca trabajaron con un sistema similar tienden a ser más resistentes al cambio. Se identificó, en esa etapa del análisis, que la falta de formación es una barrera en la organización C.

En relación al tipo de aplicación, el ERP fue comprado, porque, en la comprensión de los tomadores de la decisión, el desarrollo de ese tipo de herramienta tardaría demasiado. Ajustar los módulos ya existentes fue entendido como lo más adecuado y efectivo que crear todo un sistema, lo que para el colaborador representó como algo adecuado a las necesidades de la organización. En relación al negocio de la empresa, no consideran relevante los sistemas en paralelo al ERP y, por eso, estos no existen. El principal atributo destacado es el soporte financiero del sistema.

La toma de decisiones y visibilidad de escenarios para establecer la estrategia también fueron temas mencionados por el entrevistado. Los informes pueden ser impresos.

A pesar de que las herramientas financieras sean relevantes, el entrevistado menciona que el flujo de caja que se usa en el ERP es sólo para fines de presentaciones empresariales y conferencias con clientes. Los operarios consideran el módulo complicado para esa función y desarrollan la operación de forma manual. Después, el sistema se utiliza sólo para fines de presentación y registro de las informaciones. Las compras tampoco son gestionadas por el sistema y sólo son lanzadas tras ser efectuadas. La política de compras de la empresa es de comprar sólo cuando es necesario. Por fin, destaca el colaborador como ventajas del ERP la integración entre todas las áreas, la comodidad de uso y la reducción de tiempo en los procesos. Como aspecto negativo, el colaborador destaca el cambio cultural y la resistencia de parte de los colaboradores de la empresa. En el primer análisis, la falta de formación es uno de los problemas a los que la organización C se enfrenta en el uso del ERP.

ANÁLISIS DEL ERP EN LA EMPRESA D: SERVICIO DE SEGUROS

La entrevista en la empresa D fue realizada con uno de los tres socios de la empresa. Esa organización está estructurada por departamentos, que son respectivamente el departamento comercial, financiero y de emisión, y también por procesos. Los procesos son divididos por sector con el objetivo de ampliar los resultados. En virtud del aumento de las actividades de la empresa, el ERP fue instalado en 2011, teniendo como principal objetivo mejorar el control de las informaciones del negocio.

Para el colaborador, el sistema es de fácil utilización, y las formaciones se realizan para cada nuevo colaborador. El ERP fue comprado, y los gestores entienden que es una adquisición ventajosa, porque las personalizaciones y actualizaciones son suministradas con calidad por el desarrollador de la herramienta.

El propio ERP atiende a todas las necesidades de D, lo que hace que no sea necesario utilizar sistemas complementarios o auxiliares. En el panorama estratégico el ERP es utilizado en la toma de decisiones, ya suministra con detalle todas las operaciones del negocio, en tiempo real. Los informes son usados en pantalla e impresos.

A pesar de contar con módulos financieros, las operaciones se realizan fuera del sistema y después son guardadas en la plataforma. Para el entrevistado, el guardado de datos realizado por los operarios es fidedigno, lo que garantiza la confiabilidad del sistema. Como ventajas, el colaborador dice que el ERP organiza la empresa como un todo y viabiliza el acceso simplificado para las informaciones con precisión, además de favorecer los procesos de toma de decisión. No fueron citados los problemas o desventajas en el uso del ERP, lo que no quiere decir que no existan.

ANÁLISIS DEL ERP EN LA EMPRESA E: VENTA AL POR MENOR

En la empresa E, la entrevistada pertenece al sector de logística. En la perspectiva del colaborador, la empresa se organiza por procesos, teniendo departamentos bien definidos. Como el grupo cuenta con siete empresas, el sistema ERP fue implantado en 2004, teniendo como objetivo facilitar el proceso de gestión de esas unidades. La implantación sucedió en fases, de empresa en empresa, a través de la sistemática del establecimiento de módulos. Hubo preocupación con los cambios culturales, y las formaciones fueron desarrollando conforme se iba estableciendo cada módulo. En función de las actualizaciones constantes en el sistema ERP de la organización, para la mejoría de procesos, las formaciones también se realizan de manera constante. El ERP de E fue comprado, con acuerdo a que ajustes y eventuales modificaciones tenían que ser atendidas en plazo máximo de 48 horas por el proveedor del software.

El sistema ERP solo no atiende a todas las necesidades de la organización, y en las tiendas existe aplicación específica para las ventas, lo que se realiza en paralelo, en la condición de sistema auxiliar. Al final de cada día, las informaciones se envían hacia el ERP y, por eso, las informaciones no están completamente disponibles en tiempo real. En la creencia de que los datos del sistema son precisos y seguros, el colaborador cita el ERP como herramienta estratégica en la toma de decisión. Hasta el momento del estudio, la organización del entrevistado, nunca hubo problemas de informaciones. La inter-relación entre los procesos también se destacó en la respuesta. Ni todos los informes del ERP pueden ser impresos, y algunos pueden sólo ser visualizados en la pantalla por los usuarios. Las aplicaciones financieras y de suministros se realizan vía el sistema.

Finalizando la entrevista, como ventajas del ERP, el colaborador menciona la facilidad en la gestión, en especial en los cargos relacionados con la gerencia, y la toma de decisión soportada por la información obtenida de manera rápida y ágil. Como aspecto negativo, el entrevistado destaca los retrabajos en el área operacional, que, en su entendimiento, se enfrenta la mayor parte de las empresas.

RELACIÓN ANALÍTICA ENTRE LAS EMPRESAS ESTUDIADAS

En la consolidación entre las cinco empresas, las respuestas están analíticamente dispuestas en el cuadro 1, el cual contempla las semejanzas y diferencias entre el uso del ERP y de las estructuras y prácticas de las organizaciones. En la cuestión inicial, son tratados los elementos importantes para la adopción de un ERP. El foco está en innovaciones y en los valores y, así como en D, la estructuración es departamental. Los procesos en D son definidos por sectores. Las organizaciones B, C y E están orientadas por procesos. La situación de B está más en el centro de las opciones, porque a pesar de estar orientada por procesos, es departamental en términos formales.

Las empresas D y E trabajan con sistemas ERP relativamente recientes, implantados por motivos diferentes. La primera, para mejorar el control de las informaciones en función del volumen, y la segunda para gestionar de manera más adecuada la relación entre las empresas del grupo. Con periodos moderados de tiempo en el uso del ERP, las empresas A y C también presentan justificaciones. Para A, se refiere al proceso de integración de los procesos de la empresa, mientras que, para C, además de la integración, el control de las actividades y la reducción de costes son el objetivo principal. Con casi 20 años de uso, la empresa B es la más experta en el uso de sistemas ERP, con adhesión desde el comienzo de las actividades. Además de control, el ERP viabiliza las informaciones con precisión y en tiempo real.

Observando la situación de C, acerca de la resistencia al uso del ERP, queda de manifiesto la relevancia de la formación para el éxito en el uso de la aplicación. Al contrario, en la empresa D, las formaciones se realizan hasta hoy, y son suministradas para cada colaborador. En término medio, A adopta la política de facilitadores, lo que representa una alternativa adecuada cuando el acceso a la formación incurre en costes elevados. La propia retransmisión del conocimiento implica en el comprometimiento de los colaboradores con el papel de diseminación del conocimiento.

La implantación es la etapa más compleja en el uso del ERP. En E, el proceso fue realizado en etapas, o fases, a través de la opción por módulos. En cuanto al aspecto decisorio de desarrollar o comprar un ERP, las situaciones varían. En A, a pesar de ser comprado, la propia organización realiza las personalizaciones a través de su propio equipo de operarios. Cada situación implica en cómo fue realizada la compraventa, es decir, en los términos establecidos en los casos en los que el ERP fue comprado. Por ejemplo, C compró el sistema para poder ser más viable en costes y beneficios, con la diferencia de depender del proveedor de software para la realización de las modificaciones en la aplicación.

La empresa D adoptó la misma estrategia que C, y las modificaciones en el sistema deben ser requeridas al fabricante. El contrato de compraventa del software realizado por E implica también la dependencia con el fabricante, sin embargo, el contrato determina que el soporte debe ser suministrado en un máximo de 48 horas, lo que reduce la dependencia en la empresa contratada para el ERP. Sólo la organización B desarrolló su propio ERP para poder controlar la totalidad de la aplicación.

Dos empresas, A y E, cuentan con aplicaciones auxiliares al ERP.

Para las demás organizaciones, el sistema ERP es suficiente para gestionar las operaciones de negocios. Para todas las organizaciones analizadas, el uso del ERP es, por encima de todo, una aplicación de carácter estratégico, con vistas al proceso de la toma de decisiones y una herramienta de gestión más que operacional.

Una característica que marca el uso del sistema ERP es la viabilidad de la información en tiempo real. En ese requisito, sólo la empresa E no está utilizando plenamente esa importante posibilidad para la toma de decisión.

Con relación a la confiabilidad del sistema y de las informaciones contenidas en el sistema, para todas las organizaciones, la respuesta es positiva en términos de calidad. A pesar de que las operaciones puedan ser adecuadas para desarrollar el propio ERP, algunas empresas optan por la realización externa de actividades (especialmente financieras) para el posterior guardado en el sistema. Las causas fueron identificadas, en la mayor parte, en función por la falta de conocimiento en el área.

	EMPRESA				
	A	B	C	D	E
Organización por Departamentos.	X			X	
Organización por Procesos.		X	X		X
Año inicial anterior a la segunda mitad de la década de 1990.		X			
Año inicial después de la segunda mitad de la década de 1990.	X		X	X	X
Implementación con formación	X	X		X	X
Implementación sin formación			X		
Hay formaciones después de la implantación del ERP.	X	X		X	X
No tienen formación después de la implementación del ERP.			X		
Software desarrollado por la empresa.		X			
Software comprado.	X		X	X	X
Relación Coste X Beneficio favorable	X	X		X	X
Relación Coste X Beneficio desfavorable			X		
El ERP cumple con las necesidades de la empresa		X	X	X	
El ERP no cumple con las necesidades de la empresa	X				X
Utiliza sistemas auxiliares.	X				X
No utiliza sistemas auxiliares.		X	X	X	
Utiliza sistemas complementarios.					
No utiliza sistemas complementarios.	X	X	X	X	X
Utiliza el sistema como parte estratégica en la tomada de decisiones	X	X	X	X	X
No utiliza el ERP como parte estratégica en la tomada de decisiones					
La información sucede en tiempo real	X	X	X	X	
La información no sucede en tiempo real					X
Los procesos están interligados.	X	X	X	X	
Los procesos no están interligados.					X
Informes impresos	X	X	X	X	
Informes no impresos					X
Informes con informaciones seguras/confiables	X	X	X	X	X
Informes con informaciones no seguridas/confiables					

Cuadro 1: Semejanzas y diferencias acerca del ERP en las empresas estudiadas.

En cuanto a las ventajas en el uso del ERP, los colaboradores destacan el flujo ininterrumpido de las informaciones, la disponibilidad en tiempo real y la integración entre las áreas. La seguridad es otro de los aspectos favorables, además de la comodidad y de la reducción de los tiempos para las tareas.

La toma de decisión también se ve favorecida, tanto en calidad como en agilidad (en función de las informaciones completas en tiempo real). Las desventajas o problemas existen, como, por ejemplo, en función de la dependencia de toda empresa al funcionamiento del ERP. Otro aspecto complejo es la resistencia al cambio, que implica profundas modificaciones en la cultura y en los procesos internos de la empresa, además de los eventuales retrabajos y/o duplicaciones.

CONSIDERACIONES FINALES

En base al análisis desarrollado entre los casos, a través de las evidencias informadas por los colaboradores, la observación y el análisis documental, a pesar de que muchos puntos convergentes con la teoría, también fueron identificadas diferencias. A pesar de que el ERP es entendido como un sistema para empresas que trabajan por procesos, dos de las cinco empresas adaptaron sus procedimientos sin abandonar la estructuración departamental.

En relación a la formación, así como dice la literatura, su ausencia de esta deriva en problemas. La única empresa que no realizó, al menos, las formaciones de implantación son aquellas que más problemas culturales y de adaptación del personal se enfrentan. La resistencia de los operarios es alta cuando falta la formación.

El ERP puede ser adoptado de dos maneras, desarrollado o comprado, lo que en el estudio queda claro que son alternativas viables, dependiendo del objetivo organizacional. No es posible calcular cuál será la mejor alternativa, sin embargo, la negociación de compraventa puede representar un diferencial relevante para el futuro de la aplicación. Ni siempre es requerido el software auxiliar, sin embargo, cuando son usados es importante enfocar el mantenimiento hacia la integración entre el ERP y el otro sistema, para evitar perder el factor tiempo real. La toma de decisión es el proceso más relevante basado en el ERP y, por eso, completar las informaciones correctamente y en el tiempo adecuado puede ser la diferencia en la calidad de las decisiones y estrategias adoptadas por la organización.

Como toda aplicación TI, un ERP tiene ventajas y desventajas.

Como principales factores positivos, la integración entre sectores, la perspectiva del todo como un uno, además del esencial flujo de las informaciones que están disponibles en tiempo real. Los principales problemas a los que nos hemos enfrentado son relativos a la dependencia de la organización al sistema, y también a los casos donde fracasan los contratos o los modelos de utilización del ERP. Negociaciones y formaciones adecuadas pueden crear la diferencia real entre el éxito y el fracaso en el uso de los sistemas integrados de gestión.

CALIDAD DE SOFTWARE

La calidad de software, los últimos años, dejó de ser únicamente un factor de ventaja competitiva, pasando a ser el punto central del éxito, e incluso de supervivencia de las organizaciones, ya que el mercado es cada vez más exigente. Sin embargo, para mantener la calidad del software, es necesaria la utilización de herramientas, estándares y normas que atiendan a las necesidades de los clientes.

Para Koscianski (2007, p.45), las normas y estándares definen criterios, contratos y negociaciones, que permiten a los consumidores encontrar la compatibilidad entre tecnología y productos. Sin embargo, la preocupación con la calidad en el mundo de los consumidores viene siendo cada vez mayor. Muchas organizaciones están cada vez más en búsqueda de mejorar sus productos.

La calidad de software es esencial para el éxito y supervivencia del producto en el mercado, sin embargo, esta difícil de definir, ya que esta es dependiente de la visión del usuario. A pesar de eso, la búsqueda por la calidad debe ser siempre un punto fundamental en todo el proceso de desarrollo de la aplicación de software.

Para una mayor comprensión sobre el término calidad de software, a continuación, será abordada la visión de algunos autores.

Para Sommerville (2003, p. 175): La calidad de software es un concepto complejo que envuelve otros aspectos, muchas veces no son fácilmente perceptibles, siendo así, una gran dificultad el poder hacer una especificación de software con exactamente todas las características del producto que el cliente desea y por eso aunque un producto de software pueda atender a su especificación, los usuarios pueden no considerarlo un producto de alta calidad.

Aun así, la calidad de software es definida por el IEEE (1994) como "el grado con el que un sistema, componente o proceso atiende a los requisitos especificados y a las expectativas o necesidades de los clientes o usuarios".

La Norma ISO 9126 define la Calidad de Software como: "La totalidad de características de un producto de software que le otorga la capacidad de satisfacer las necesidades explícitas e implícitas".

Por lo tanto, para garantizar la calidad de software, el producto debe estar en conformidad con los requisitos de los clientes, es decir, atendiendo sus necesidades.

SISTEMAS ERP x CALIDAD

De acuerdo con la Computerworld (2014), hoy día en el mercado, 8,6% de la facturación líquida en tecnología se invierte en sistemas de gestión empresarial ERP, siendo SAP y Oracle los principales proveedores.

A pesar de ese crecimiento, para mantenerse en el mercado "muchas empresas españolas y mundiales están adoptando la Calidad de Software como base de sustentación en el proceso de desarrollo de software".

Sin embargo, para evaluar la calidad en el proceso de desarrollo de software, es necesario utilizar técnicas y modelos que tengan cierta madurez.

De entre los diferentes modelos, este capítulo se coge como ejemplo el CMMI (Capability Maturity Model Integration), que es un modelo de referencia mundial, publicada por el SEI (Software Engineering Institute), de la Carnegie Mellon University, para ayudar a las organizaciones en la mejora de sus procesos de desarrollo y mantenimiento de productos y servicios.

- En el CMMI existen cuatro disciplinas, que pueden ser implementadas conforme a la organización. De acuerdo con Koscianski (2007):
- Ingeniería de sistemas: es cuando los ingenieros de sistemas proponen productos y soluciones por medio de análisis, proyecto, validación, prueba, implementación, entrenamiento y soporte.
- Ingeniería de software: tiene como objetivo la producción de software disciplinar, es decir, procesos técnicos de desarrollo y gestión de proyectos, herramientas, métodos y teorías que dan soporte a su producción.
- Desarrollo de proceso y producto integrado: utiliza la colaboración de los envueltos en los proyectos para satisfacer mejor las necesidades de los clientes.
- Contratos de proveedores: utiliza la colaboración de los envueltos en los proyectos para realizar las debidas modificaciones. Cada una de esas disciplinas puede ser implementada de acuerdo con la organización y tienen dos representaciones, conforme tabla I.

Niveles	Continuo	Estado
0	Incompleto	
1	Realizado	Inicial
2	Gestionado	Gestionado
3	Definido	Definido
4	Gestionado Cuantitativamente	Cuantitativamente Definido
5	Optimizado	Optimizado

Tabla I. Representación por fase y continua.
Fuente: Adaptado en Base al CMMI

La representación por fase utiliza niveles de madurez para medir la mejora de capacidad de la organización, y la representación continua tiene el objetivo de medir la mejora de procesos. Pero, la diferencia es la forma de cómo estas son aplicadas. Los niveles de madurez sugieren una secuencia para la mejora, pero permiten alguna flexibilidad en relación a la orden en que las áreas son abordadas.

INVESTIGACIONES EN LAS EMPRESAS

Para la investigación descriptiva, se realizó un estudio con cinco empresas de pequeño y medio tamaño que trabajan en el área de consultoría y desarrollo de sistemas integrados de gestión empresarial y que están en proceso de implantación o que no tienen certificación CMMI.

Los contactos fueron realizados a través de email y teléfono y solamente tres empresas están de acuerdo en responder a un cuestionario para ser elaborado, conteniendo 25 cuestiones sobre cuál es el camino adoptado por la empresa para llegar a la certificación en el nivel tres del modelo de madurez, estando esas empresas en DNI2, Nueva Soluciones y CIGAM.

La DNI2 está en el mercado desde 1994, trabajando en fábricas de software y consultorías, suministrando sistemas específicos o sistemas de gestión empresariales para los mercados industriales, comerciales y servicios. La DNI2 tiene un libro escrito por el director de la empresa Roberto Giuzio Jr. y Simone Canuto Implementando ERP y también estará la disposición para responder el cuestionario sobre el tema abordado. Sin embargo, es una empresa que no posee certificación, pero utiliza otros métodos para mantener la calidad de los sistemas.

La Nueva Soluciones es una empresa que inició su actividad en 1990 con la implantación de sistemas ERP. Posee personas con diferentes certificaciones, pero no posee la certificación CMMI. Se pusieron a disposición para responder al cuestionario mencionado.

En 1986, la CIGAM inició el desarrollo de la primera versión del sistema de gestión empresarial, y en 2008 inició su proceso de certificación CMMI. De acuerdo con Cesar Bauer, coordinador del comité de gestión y calidad, en 2015, la empresa se someterá a la certificación CMMI, sin embargo, aún existen áreas que necesitan ser mejoradas.

CONSIDERACIONES FINALES

Como se trata de un trabajo en marcha, hasta el presente momento no es posible verificar los incontables puntos de vista que están siendo incluidas en el mundo de las organizaciones, como la utilización de sistemas, que son capaces de atender a las necesidades de información de diversos departamentos y procesos de negocios de las empresas, para proporcionar una mayor eficiencia empresarial.

También, hay que destacar la tendencia mundial en cuanto al crecimiento de las expectativas en relación a la calidad. En este sentido, las empresas proveedoras de aplicaciones ERP también deben asegurar que sus procesos de desarrollo atiendan a las expectativas del mercado en relación a la calidad, adoptando modelos que contribuyan con el cumplimiento de los plazos, sigan el presupuesto y que sean coherentes con las necesidades de los clientes.

Se pretende a partir de eso, obtener informaciones de como las organizaciones desarrolladoras de sistemas ERP implementan el modelo de referencia CMMI, y que prácticas son aplicadas para alcanzar el nivel tres de madurez.

CALIDAD EN EL DESARROLLO DE SISTEMAS ERP

Con la globalización, el clima de competencia entre las empresas mundiales quedó muy tenso. Por ese motivo, las empresas, para mantenerse al frente de sus competidores, descubrieron en la tecnología de información un brazo muy fuerte para garantizar la ventaja competitiva. Delante de esta realidad, los sistemas de información fueron desarrollados con el objetivo de ayudar en la gestión de los negocios de las empresas, para controlar sus diversos procesos de tal forma que puedan optimizarlos para obtener mejores resultados.

Los sistemas ERP aparecen como una alternativa para ayudar en la gestión de los negocios. Con el propósito de estandarizar y centralizar los procesos empresariales, la decisión de utilizar esta tecnología debe ser tomada después de un detallado análisis sobre las condiciones e impactos de su implantación en la organización.

Este capítulo tiene como objetivo presentar los principales factores considerados críticos para el éxito de una implantación de este tipo de aplicación.

SISTEMAS DE INFORMACIÓN

Un Sistema de Información (SI), independientemente de su tamaño, tiene como objetivo auxiliar los procesos de una organización.

De acuerdo con Barbará (2006), el proceso puede ser definido como un conjunto de acciones ordenadas e integradas para un fin productivo especifico, al final del cual serán generados productos y/o servicios y/o informaciones. De esa forma, un proceso puede ser interpretado como un conjunto de actividades coordinadas envolviendo generalmente personas, procedimientos, recursos y tecnología, con la intención de realizar una tarea.

Conforme Rezende (2005), todo sistema, usando o no recursos de tecnología de la información y que custodia los datos generados, puede ser genéricamente considerados un Sistema de Información.

La utilización de ese tipo de sistema, en sus diversos niveles organizacionales, favorece la información como un diferencial estratégico en la toma de decisiones.

Además de eso, con la constante necesidad de cambio de informaciones e integración entre los procesos de negocio, las organizaciones encuentran en los sistemas de información la posibilidad de alinear la Tecnología de la Información con las estrategias empresariales.

ÉXITO EN LA IMPLANTACIÓN DE UN ERP

Según Padilha y Marins (2005), estos sistemas controlan y suministran soporte a los procesos operacionales, productivos, administrativos y comerciales de una empresa. Todas las transacciones realizadas por la empresa deben ser registradas en una base de datos centralizada, para que las consultas extraídas del sistema puedan reflejar al máximo posible la realidad.

El ERP puede ser definido como un sistema de información, orientado a procesos, enfocado en centralizar y estandarizar los datos e informaciones de la empresa. Además de eso, debido a su cobertura de actuación, el ERP puede ser utilizado por varias áreas de la organización, integrando los procesos en un único sistema.

ESTRUCTURA CONCEPTUAL DEL ERP

El concepto general del ERP conocido hoy en día viene a partir de la década de los 90, sin embargo, fue el resultado de la evolución de sistemas creados años antes llamados de MRP (Materials Requirement Planning) y MRP II (Manufacturing Resources Planning).
La estructura conceptual del ERP conforme su evolución puede ser visualizada en la Figura 1.

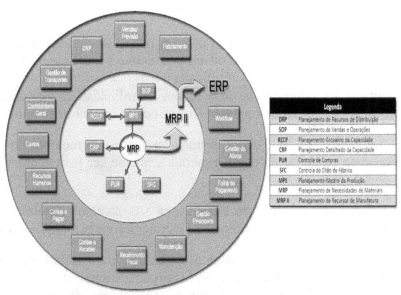

Figura 1 - Estructura Conceptual del ERP
Adaptado por: Corrêa (1999) apud Padilha y Marins (2005).

FUNCIONALIDADES Y CARACTERÍSTICAS DEL ERP

El ERP está caracterizado por ser un sistema único, que atiende diversos procesos operacionales. En la Figura 2, se presentan las principales funcionalidades atendidas en un ERP, separadas conforme a las funciones externas (front-office) y a las funciones internas (back- office). Además de estas, algunos sistemas poseen módulos adicionales y personalizables.

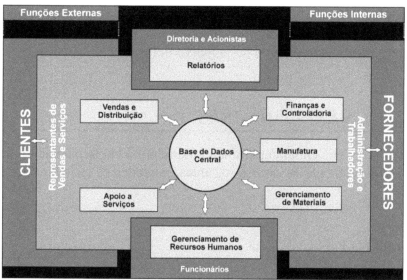

Figura 2 - Funcionalidades de los sistemas ERP
Adaptado de: Davenport (1998).

La característica central del ERP es la estandarización de un sistema de información. Eso sucede a través de la utilización de una base de datos común y centralizada, que mejora la calidad y la consistencia de los datos, promueve la agilidad en los procesos, trae mejoras en los resultados, además de mejoras en los informes emitidos por el sistema.

Al analizar las características de un sistema ERP por los diferentes autores, se perciben diferencias en la cobertura y en la profundidad de la comprensión de cada uno sobre el tema. En general, la comprensión en relación al ERP comprende desde un conjunto de programas de ordenador, hasta un sistema de información de gestión con la intención de ayudar en las decisiones estratégicas de la empresa.

Por ser un sistema complejo, envolviendo las más diversas áreas de la organización, la simple adopción de un sistema ERP no garantiza el retorno esperado. En la gran mayoría de los casos, además de la adopción, es necesario que la empresa reevalúe y adapte sus procesos a las características del sistema. Esa compleja adaptación, si no fuera bien trabajada, puede causar la pérdida de la identidad organizacional.

FACTORES CRÍTICOS DE ÉXITO (FCS)

En cualquier actividad, es posible encontrar factores importantes para la realización con éxito de una meta. Los factores críticos de éxito pueden ser vistos como cuestiones importantes en el contexto en el que son aplicados. A través del conocimiento de estos factores, se asegura una implementación segura y eficiente.

Cuando se identifica un factor crítico, es posible la elaboración de un plan estratégico, fijando planes anticipados para garantizar el éxito de los procesos envueltos. Oakland (1994) también sugiere la clasificación de los impactos de esos factores identificados para el cumplimiento del objetivo del proyecto.

RESULTADOS PRELIMINARES

Cada FCS trabaja en un determinado momento de la implantación de un ERP. Para utilizarlos adecuadamente es necesario, antes, entender el ciclo de vida de ese tipo de aplicativo.

CICLO DE VIDA

Como cualquier sistema, el ERP posee un ciclo de vida, sin embargo, tiene sus propias características.

El ciclo de vida de un sistema de información difiere del ciclo de desarrollo de un software, por tratarse de un sistema desarrollado por terceros, teniendo como objetivo atender a un mayor número de empresas de los más variados segmentos conforme a sus características. El ciclo de vida de ERP se puede dividir en cinco etapas, conforme Figura 3. Estas etapas consisten en:

- Parte A - Evaluación sobre la necesidad de ERP: análisis de la situación actual de la empresa e identificación de como el sistema puede agregar valor al core business de la organización.
- Parte B - Selección y adecuación: selección del sistema disponible en el mercado y las adecuaciones necesarias conforme la necesidad de la empresa.
- Parte C - Implantación: planificación de las actividades e implantación de los módulos.
- Parte D - Concienciación y formación: preparación de los miembros de la organización al nuevo sistema y su entrenamiento operacional y de gestión.
- Parte E - Utilización: etapas de uso del sistema e identificación de la necesidad de posibles modificaciones de forma que atienda a las reglas de negocio.

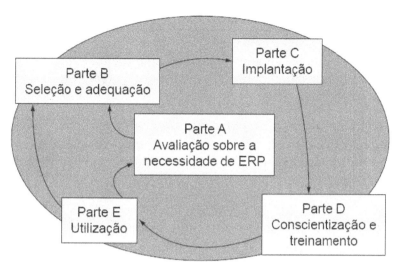

Figura 3 - Ciclo de Vida de ERP
Fuente: Mendes y Escrivão Hijo (2007)

FACTORES CRÍTICOS IDENTIFICADOS

A través de análisis preliminares en materiales teóricos sobre el tema, es posible identificar algunos factores, como describen Rozan et al. (2008); Oliva et al. (2006); Nielsen (2002); Mendes y Escrivão Hijo (2002); Gambôa y Bresciani Hijo (2003); Bentes (2008):

- Análisis y definición de las necesidades de la empresa. Integración entre las áreas de la organización.
- Parametrización de las funcionalidades existentes. Adaptación de los procesos organizacionales.
- Impacto del ERP sobre los recursos humanos y en la cultura organizacional.
- Definición y adquisición de hardware y software adecuados a los objetivos de la organización.
- Capacitación e implicación de los usuarios.
- Definición y gestión del proyecto y equipo responsable por la implantación del sistema.
- Relacionamiento entre Cliente y Proveedor (del software).
- Acompañamiento y evaluación de rendimiento.
- Soporte total de la alta dirección de la organización
- Gestión de las expectativas y comunicación entre los envueltos.

CONSIDERACIONES FINALES

A pesar de este ser un trabajo en marcha, que pretende profundizar los elementos listados en los resultados preliminares, se puede observar que las empresas, a modo general, viven realidades únicas en relación a inversiones, procesos y gobierno corporativo.

Es necesario considerar la importancia de identificar los factores críticos de éxito en la adopción de un sistema integrado de gestión empresarial, de forma a mitigar los riesgos e impactos organizacionales durante su implantación.

Al optar por un ERP, la organización necesita apoyar y considerar que su implantación afecta directamente a la gestión de sus negocios y en general determina cambios amplios y significativos de sus procesos.

INTRODUCCIÓN AL CRM

A lo largo de este libro se tratará de poner de manifiesto la importancia del CRM para una compañía, independientemente del tamaño de la misma. Para ello se tratarán diferentes aspectos para su implantación, tanto a nivel de cultura empresarial como de desarrollo de aplicaciones.

Utilizando comparativas entre empresas de diferentes sectores se irá desgranando la importancia y las dificultades a las que se enfrentan en una organización a la hora de poner en marcha iniciativas de CRM.

Junto con los ejemplos, se irán incluyendo elementos teóricos que muestran la importancia de este sistema, así como los métodos de análisis utilizados para comprobar su eficacia y productividad en cada una de las empresas mencionadas.

En los diferentes capítulos se encontrarán elementos teóricos y definiciones de varios autores, enmarcadas en casos de estudio independientes.

El objetivo principal es que el lector pueda entender los pros y los contras de este sistema y comprender que, más allá de un mero programa, es un método de gestión empresarial que debe incluir la participación de todos los miembros de la empresa para que sea efectivo y no derive en resultados negativos o problemáticos.

EL CRM EN LOS PROCESOS DE TOMA DE DECISIONES EMPRESARIALES

El CRM - Customer Relationship Management es una arquitectura que combina los procesos de negocio y tecnologías orientadas a la comprensión de los clientes con respecto a quiénes son, lo que hacen y lo que les gusta. Busca la eficacia en el proceso de toma de decisiones, teniendo en las informaciones de los clientes la manera de aumentar la rentabilidad, la aplicación de nuevas estrategias y la búsqueda de la competitividad. Trataremos de verificar si la información generada por los sistemas de CRM realmente trae los beneficios esperados para las organizaciones que los adoptan. Se parte de la hipótesis de que, a pesar de la importancia de los sistemas de CRM en el entorno empresarial actual, no siempre generan la información correcta y necesaria para ayudar en los procesos que implican la toma de decisiones.

INTRODUCCIÓN

El Customer Relationship Management - CRM - es hoy en día una herramienta ampliamente utilizada por las organizaciones por permitir la integración de todos los contactos con los clientes y así ayudarles a relacionarse mejor con los consumidores finales u otras empresas.

Según Laudon, el CRM centra la gestión de todos los modos como una empresa trata a sus clientes actuales y a los potenciales nuevos clientes. Se ve como una disciplina empresarial y también tecnológica que puede utilizar de sistemas de información para coordinar todos los procesos de negocios que rodean las interacciones de la empresa con sus clientes en ventas, marketing y servicios. Un sistema de CRM ideal cuida del cliente de un extremo a otro, desde la recepción de un pedido hasta la entrega de los bienes y/o servicios.

Es una herramienta valiosa que, combinado con una buena capacidad de gestión, permite obtener excelentes resultados y beneficios con respecto a la rentabilidad de la empresa. Proporciona: aumento de la lealtad del cliente; la oferta de productos y servicios personalizados; la reducción de los riesgos de la empresa, incluyendo el ahorro de costes; una mejora en la detección de fracasos o éxitos de la compañía; estrecha su relación con el cliente y permite una mejor comprensión de lo que busca y de cuál es su necesidad real en ese momento. Permite que las empresas, a través de los datos registrados de cada cliente y el análisis correcto de esta información, proporcionen el producto que necesite el consumidor, tratándolo de una manera especial y personalizada, de acuerdo con lo que él desea.

La herramienta de CRM puede utilizar la ayuda de un sistema informatizado que captura toda la información relacionada con cada cliente, como el registro, historial de compras, reclamaciones, historial de búsqueda y contactos, entre otros datos.

A través del análisis de estos datos se pueden identificar las necesidades del cliente y la importancia que cada cliente proporciona en relación a los productos y servicios ofrecidos por la empresa.

Hay un sinnúmero de beneficios que el CRM puede proporcionar a las organizaciones y el hecho es que cada vez más empresas han adoptado esta herramienta para ayudar en los procesos de toma de decisiones de negocios. Sin embargo, la implementación de una herramienta de CRM realizada sin una planificación adecuada puede tener graves consecuencias para la organización, desde la generación de información incorrecta a la subutilización del sistema.

Laudon señalan que invertir sólo en software de CRM no producirá automáticamente una mejor información acerca de los clientes y muchos sistemas de gestión de las relaciones con los clientes no alcanzan plenamente sus objetivos. Estos sistemas requieren cambios en los procesos de ventas, marketing y servicio de atención al cliente para fomentar el intercambio de información de los clientes, apoyo de la dirección y una idea muy clara de los beneficios que se pueden obtener a partir de la consolidación de los datos de los clientes.

Batista menciona que la mayoría de los sistemas de gestión de clientes no logran generar informes adecuados para la buena toma de decisiones.

Las afirmaciones de Laudon y Batista presentadas en los dos párrafos anteriores plantean la idea de esta investigación, cuyo objetivo general es verificar si la información generada por los sistemas de CRM realmente conlleva los beneficios esperados para las organizaciones que han implementado esta herramienta.

Para lograr este objetivo general, se analizó el caso de una empresa productora de piezas que utiliza CRM en su entorno empresarial. Se trató de demostrar sus objetivos y los resultados reales para las decisiones de la organización, además de analizar el grado en que el CRM proporciona la información necesaria y suficiente de los acontecimientos en la empresa.

Este trabajo parte del supuesto de que, a pesar de la importancia de los sistemas de CRM en el entorno empresarial actual, no siempre generan la información correcta y necesaria para ayudar en los procesos relacionados con la toma de decisiones.

CRM Y SU IMPORTANCIA EN LOS PROCESOS DE TOMA DE DECISIONES

El CRM busca la eficacia en el proceso de toma de decisiones, teniendo en las informaciones sobre los clientes la manera de aumentar la rentabilidad y la aplicación de nuevas estrategias, buscando una mayor competitividad.

Se puede decir que el CRM busca, de forma general, la satisfacción total del cliente con la rentabilidad de la empresa. Pero ¿su aplicación y actualización trae resultados positivos y duraderos?

Según Laudon, las herramientas de CRM tratan de resolver el problema de consolidar toda la información para proporcionar una visión unificada del cliente en toda la empresa, integrando los procesos de negocios relacionados con el cliente y la consolidación de la información sobre él a partir de múltiples canales de comunicación, de modo que la empresa pueda presentar una cara consistente para el cliente.

Un CRM, con la ayuda de un sistema informatizado, puede capturar y gestionar toda la información relacionada con cada cliente, incluyendo el registro, contactos, historial de compras, quejas, etc. El sistema de CRM proporciona datos muy útiles y detallados acerca de los clientes que permiten elaborar informaciones que permiten, entre otras cosas, identificar las necesidades de los clientes y la importancia que los clientes atribuyen a cada característica de los productos y servicios de la empresa.

Muchas organizaciones que afirman trabajar con el concepto de CRM ni tan siquiera saben quiénes son sus clientes más antiguos. Aunque tienen información importante en sus bases de datos de clientes, no se da el tratamiento adecuado a esta información, haciendo que se pierda en sí misma. En otras palabras, la información que las empresas tienen, en general, es mucha y valiosa, pero sus empleados no saben cómo utilizarla para el llamado marketing relacional.

Según Modesto, las barreras más comunes a la implementación de CRM en la actualidad incluyen: el alto coste de implantación, mantenimiento y actualización; el coste de la formación de los usuarios y la falta de planificación para la correcta implementación del CRM en la organización para satisfacer las demandas de la organización" y las posibles limitaciones del CRM sería la mala formación y actualización de la base de datos, lo que genera información inconsistente y no coincidente con la realidad, lo que lleva a la organización a tomar decisiones y estrategias de marketing equivocadas.

El simple hecho de tener un sistema informatizado de CRM no hará que sea útil y traiga resultados positivos para la toma de decisiones, es necesario mantener el sistema actualizado para que siempre pueda proporcionar información realmente valiosa para la organización.

Todavía sobre los problemas que el CRM puede ocasionar si no se implanta de la manera correcta, Araújo cita que para que la empresa obtenga éxito en la implementación de un CRM, primero debe estar alineada y preparada para hacer frente a esta nueva tecnología en la empresa, si no es así la implantación de un CRM en la empresa fracasará.

Por lo tanto, las desventajas de la implantación de un CRM en la empresa es que primero, tiene que tener estrategias de marketing bien definidas (metas, objetivos, investigación de mercado) y un equipo bien entrenado y orientado a fidelizar el cliente, lo que requiere gastos de capital y esfuerzos de la organización.

Para una buena toma de decisiones mediante el CRM, este necesita ser implementado correctamente, con la gente formada, que sepan cómo tomar la información e interpretarla de la mejor manera para ayudar en los procesos de toma de decisiones de gestión.

Algunos elementos son necesarios para implementar un CRM realmente productivo, como contener sólo información relevante sobre los clientes y que esta no sea redundante ni escasa para el análisis de datos en la toma de decisiones.

En primer lugar, el CRM debe agrupar toda la información necesaria en todas las etapas de los clientes y disponibilizarlas en un solo lugar, pero que se puedan ver desde cualquier lugar en el que estemos. El segundo paso es, a través de la información que ha sido obtenida mediante el CRM, conocer la forma de interpretarla de la mejor manera, ya que es inútil tener la información si no se sabe qué hacer con ella. Y el último paso es que el sistema de CRM permita que los clientes tengan un servicio personalizado dentro de la empresa, el famoso marketing "one to one" o marketing uno a uno, como explica Hernández: "El principio de relación con el cliente a través del marketing "one to one" es ofrecer un servicio individualizado al cliente teniendo en cuenta las necesidades de cada uno y la relevancia de cada cliente para la empresa. Es decir, usted puede identificar quienes son sus clientes potenciales y los que merecen atención personalizada. Algunos clientes traen considerables resultados financieros a la empresa y, por lo tanto, deben ser evaluados y tratados "uno por uno". El CRM puede mostrar esto a sus empleados y ellos deben ser entrenados para presentar un trabajo diferente para cada cliente".

Terminamos mostrando que, con perseverancia y habilidad, el CRM puede ser eficaz y llevar a sorprendentes resultados para la empresa, haciendo hincapié en el aumento de la fidelidad de sus clientes con la siguiente cita "estamos seguros de que mediante la implantación de un sistema de CRM fiable e invertir en la formación de su personal para su manejo adecuado, a largo plazo, los resultados aparecerán y se dará un gran paso en el aumento de la lealtad de sus clientes".

El CRM se compone del CRM operacional, CRM analítico y CRM de colaboración, que junto con un buen software de CRM Data Mining, cuya función es analizar los datos que se recogieron en las diferentes partes de la empresa, definiendo las previsiones y la forma en que la empresa debe seguir, resulta en un aprovechamiento al máximo de toda la información obtenida para un excelente desempeño de la empresa en relación con todo lo que implica el cliente.

Con respecto al CRM operacional, CRM analítico y CRM colaborativo, Batista informa que el CRM colaborativo comprende los canales convencionales de comunicación directa o indirecta con la empresa, pudiendo ser mantenido por el cliente o por la empresa. Puede ser representado por teléfono, fax, carta, correo electrónico, página web y cara a cara. Ya el CRM operacional es aquel que tiene la función de mantener y controlar el contacto directo de la empresa con el cliente. Este canal, también llamado interacción con el cliente, en la actualidad utiliza los canales tradicionales (punto de venta y los vendedores tradicionales), además de canales más ligados a la tecnología, tales como centros de llamadas e Internet. En este caso, predominan los softwares llamados front office, que incluyen el sistema de ventas, marketing, servicio post-venta y automatización de las funciones de apoyo. Los datos generados en este grupo son de tipo transaccionados u OLTP (On Line Transaction Process).

El CRM analítico se ejecuta sobre la base de los datos contenidos en las bases de gestión de la empresa (ERP) con aplicaciones de decisión. Su función es analizar los datos recogidos por las diversas fuentes y generar ensayos con esta información, definiendo previsiones y tendencias. En este caso, se utilizan los llamados softwares de back office, que utilizan principalmente la base de datos, junto con las aplicaciones de decisiones, data marts de marketing, data mining, soluciones de colaboración y flujo de datos, generando datos analíticos (OLAP - On Line Analytical Processing).

El CRM puede traer resultados positivos si la información obtenida a través de él se utiliza de la manera correcta, formando a sus empleados, implantando un buen sistema de software y principalmente centralizar toda la empresa en la relación con el cliente y no en los productos. De lo contrario, pueden producirse problemas y perjudicar todo el proceso de desarrollo del CRM.

DESARROLLO

El instrumento de la entrevista fue estructurado de tal manera que pretendía cubrir los aspectos relacionados con el análisis de la eficacia del sistema de CRM existente en la empresa objeto de estudio y en qué medida esta herramienta ofrece información suficiente y necesaria para respaldar las actividades que implican la toma de decisiones.

Para facilitar la clasificación de los factores en orden de importancia, fue utilizada una escala cuyo encuestado debería relacionar a los factores en estudio, siendo: 1- muy malo; 2 - malo; 3 - razonable; 4 - bueno; 5 - óptimo; y 6 - excelente.

La primera parte del instrumento de estudio trató de determinar qué beneficios el CRM trajo a la organización en estudio. Se evaluaron los siguientes factores: la comunicación de valor; reducción de costes; personalización de productos; la lealtad del cliente; aumento en el volumen de ventas; y actuación en nuevos mercados. Los tres primeros factores fueron clasificados por la empresa en estudio como 4 (bueno), mientras que los últimos recibieron el rango 5 (óptimo). A continuación, la empresa demandada debería utilizar la misma escala para definir cómo funciona el CRM en la organización.

Fueron objetos de estudio los siguientes factores: ventas cruzadas; mensajes dirigidos; call centers; atención al cliente; y servicios por Internet. Las ventas cruzadas, mensajes dirigidos y servicios a través de Internet se clasificaron como 4 (bueno), mientras que el factor de atención al cliente recibió calificación 5 (óptimo). La variable de call center no se clasificó debido a su ausencia en la empresa.

A continuación, se preguntó sobre la generación o no de información sobre que clientes son más rentables para la empresa. Se encontró que esto no ocurre.

La cuarta parte del cuestionario se centró en los cambios del negocio después de la implementación del CRM. Se evaluaron los siguientes aspectos: facilidad en el proceso de toma de decisiones; aumento de las ventas; la lealtad del cliente; atención al cliente; y los servicios por Internet.

La facilidad en el proceso de toma de decisiones y atención al cliente se calificaron con un 5 (óptimo), mientras que los otros factores fueron clasificados como 4 (bueno).

En la última cuestión, la empresa alegó que en la actualidad el proceso de decisiones sin el sistema CRM sería inviable.

CONSIDERACIONES FINALES

A través del análisis hecho en la empresa estudiada sobre la eficacia de los procesos de utilización del CRM, se puede concluir que esta es una herramienta muy importante en el proceso de toma de decisiones, aún más hoy en día. También se observó que las actualizaciones e Internet han sido cada vez más utilizados por varias compañías. La implementación del CRM trajo muchos beneficios a la organización, aunque algunos ítems aún pueden ser explorados resultando en objetivos más eficaces, como la comunicación de valor, la reducción de costes y la personalización de productos, que están en el rango denominado como buenos para la organización.

La forma en como el CRM trabaja en la organización se encuentra en un buen nivel pero se puede mejorar con un enfoque a los servicios por Internet que tenemos en el mercado. La compañía ha explorado poco este servicio, lo que podría dar lugar a mejores beneficios adicionales a los que ya tiene en relación con sus clientes. Esto se puede ver claramente en el tema de los cambios que han ocurrido en la empresa después de la implementación del CRM, ya que la fidelización de los clientes, el incremento las ventas y los servicios a través de Internet no tuvieron ningún cambio significativo en la implementación del CRM, lo que resultó en que el uso del CRM no es del 100% en la empresa.

Se puede concluir que el CRM es una herramienta necesaria en el servicio de atención al cliente, ya que la empresa no podría funcionar sin los beneficios que el CRM ofrece actualmente para ella, a pesar de que la compañía podría obtener resultados más eficaces y una mayor rentabilidad si la explotación fuera del 100% de lo que ofrece el CRM en el mercado.

VARIABLES ORGANIZACIONALES EN LA EMPRESA

Las Prácticas del Marketing Relacional y del Customer Relationship Management (CRM) implican una serie de cambios en las organizaciones para el mantenimiento de las relaciones con los clientes. Su aspecto tecnológico se explora comúnmente en la literatura de Marketing y Tecnología, más las variables de la dimensión organizacional, de ámbito humano y filosófico, a menudo se descuidan. El CRM es un diferencial del negocio, no una aplicación de aspecto puramente tecnológico. Este capítulo tiene como objetivo, mediante la realización de un caso de estudio sobre la relación entre dos empresas orientadas a la tecnología en el proceso de desarrollo de un sistema de CRM comercial, presentar la dimensión organizacional del CRM, justificando la importancia de las variables: Planificación y Monitoreo del Proyecto, Recursos Humanos (gente) Cambio en la Filosofía Empresarial (Mercado) y Poder. Estas variables representan la alineación de la organización necesaria para que las iniciativas de CRM cumplan los objetivos con los clientes.

Los resultados muestran que la relación entre empresas ante estos factores puede presentar diferencias de perspectivas que pueden generar anomalías e incoherencias técnicas mientras que otros factores antagónicos no impactan directamente en los resultados. Las estructuras de poder y enfoque de mercado divergen en las empresas del caso analizado.

INTRODUCCIÓN

Incluso las grandes organizaciones tienen que adaptar sus acciones a la atención personalizada de los clientes. Sin embargo, es necesario que el soporte de la tecnología actúe como una herramienta para la extensión de las prácticas con los clientes de mayor valor. Para que los indicadores de CRM en perspectiva organizacional sean comprendidos se necesitan dos conceptos. El primero es el Marketing Relacional, en el que la interacción con los clientes se convierte en el foco en las transacciones. El segundo concepto es una extensión del primero. Este es el Customer Relationship Management (CRM), que es una evolución del concepto relacional, que proporciona a las grandes organizaciones personalizar las acciones. Las dimensiones operativas del mismo son dos, la tecnológica y la organizativa. Ante los objetivos del estudio, se abordarán las cuatro variables organizacionales: Planificación y seguimiento del proyecto de CRM; Recursos Humanos; Cambio en la filosofía empresarial; y Poder. Junto con la comprensión de las variables es necesario entender primero la lógica de Marketing Relacional y del CRM.

El marketing relacional es una nueva idea de marketing dirigida a los clientes, que involucra las transacciones entre empresas y clientes en el tiempo. Max Weber en "La ética protestante y el espíritu del capitalismo" trae premisas centrales que apenas difieren de la aplicación moderna de CRM, excepto debido a la escala y empleo tecnológico. Para Weber, "de más a más, además de la claridad de visión y de la capacidad de actuar, sólo en virtud de cualidades técnicas bien definidas y muy desarrolladas es posible merecer la confianza, absolutamente esencial, de los clientes". Las cualidades éticas citados por el autor se refieren a los atributos de confianza, que deberían impregnar el CRM de manera que la relación sea positiva.

En la comprensión del CRM y de sus dimensiones, es necesario conocer la lógica que apoya su funcionamiento. El factor humano es crítico en el uso de las filosofías de CRM. Morgan y Hunt consideran que el marketing de relaciones, para tener éxito, requiere una actitud de compromiso y confianza. La confianza se refiere a la sensación mutua de la certeza y seguridad de una de las partes (la organización) y en la integridad de la otra (el cliente). Para ilustrar la importancia de este aspecto, Berry trae el Marketing Relacional describiéndolo como un concepto relacionado con la atracción, mantenimiento/retención, y al aumento de las relaciones con los clientes. "El aumento de la orientación al cliente resulta en programas de marketing más significativos".

Las organizaciones con una relación fuerte y positiva con los clientes, de acuerdo con Rowe y Barnes, tienen el potencial para desarrollar una ventaja competitiva sostenible que puede conducir a un rendimiento superior. La premisa fundamental del marketing relacional es mantener una base de clientes rentables y fieles. Estos son los pilares de los resultados de la organización, lo que Berry presenta cómo el elemento "para que los clientes continúen como clientes". Las acciones de CRM son compatibles con el marketing relacional.

Por su parte, el Customer Relationship Management (CRM) se traduce como la gestión de las relaciones con los clientes. Se define como un enfoque de gestión que facilita a las organizaciones la identificación, la atracción y el aumento en la retención de los clientes. Proporciona mayor rentabilidad para la compañía justamente desarrollando acciones para la identificación y para el aumento de las transacciones con los clientes de mayor valor. El CRM es una disciplina centrada en la automatización y mejora de los procesos de negocios asociados a la gestión de las relaciones con los clientes en las áreas de ventas, servicio al cliente y soporte. Lin y Su traen la definición de CRM como "la clave de la competencia estratégica necesaria para mantener la atención en las necesidades del cliente y un enfoque cara a cara con el cliente en toda la organización". De esta forma, el CRM se considera una herramienta relacional. Un enfoque técnico, presentado por Wilson, y Daniel McDonald, considera al CRM como un conjunto de procesos y tecnologías que apoyan la planificación, ejecución y seguimiento coordinado de los consumidores. Para Dwyer, Schurr y Oh la extensión de las relaciones de intercambio contribuye a la diferenciación de los productos y servicios, creando barreras a las substituciones.

La retención es más rentable que el uso de altos niveles de esfuerzos de marketing para reubicar clientes en el lugar de los que se van. Según Berry, la realización de un buen servicio es necesaria para que la retención de las relaciones ocurra. Las empresas que ponen en práctica marketing relacional invierten en programas formales no sólo para atraer a nuevos clientes, sino para mantener y mejorar las relaciones con los clientes existentes. Como presenta Winer, el objetivo general de los programas de relación es entregar un mayor nivel de satisfacción al cliente, superando al entregado por la competencia. Winer dice que "el servicio al cliente necesita recibir el estatus de alta prioridad en el entorno de la organización". Y Croteau y Li destacan las organizaciones que reconocen la importancia de centrarse en una estrategia empresarial orientada al cliente.

O`Malley y Mitussis advierten que en la ausencia de una cultura centrada en el marketing relacional no se entienden los procesos e iniciativas de CRM. La falta de comprensión de los procesos refuerza la idea de que el CRM no se trata de una solución de carácter puramente tecnológica, sino relacionada y orientada a personas. En este sentido, "el CRM es una estrategia de negocio; no sólo un aparato de software". Atuahene-Gima y Murray mencionan que los gerentes deben alentar a los miembros de proyectos para el cultivo de las relaciones con personas externas de la organización, para obtener nuevos insights y ampliar las perspectivas del desarrollo de las estrategias de marketing.

A través del marco teórico constituido aquí y el análisis de cada una de las cuatro variables cualitativas, el objetivo de este estudio se centra en examinar el comportamiento organizacional ante las soluciones de CRM. La etapa empírica de la investigación fue desarrollada en la unidad desarrolladora de software de un importante fabricante internacional, situado en un parque tecnológico de una universidad privada. Se utilizaron informaciones tanto de la compañía de tecnología como de una empresa cliente de gran porte y proyección, que utiliza las facilidades de software en la conducción de sus procesos de ventas y de CRM ya que los clientes tienden a ser atendidos siguiendo las premisas relacionales.

El estudio se organiza de la siguiente manera. Primero, la presentación de las variables ya estructuradas, así como su apoyo teórico. En la segunda fase, se presentan los resultados obtenidos a partir del caso de estudio, para fines de contribución empírica. Por último, las conclusiones generales de este estudio, orientadas por prácticas de relaciones con los clientes.

LA DIMENSIÓN ORGANIZACIONAL DEL CRM

La dimensión organizativa del CRM abarca las variables analizadas: Planificación y monitoreo del proyecto de CRM, Recursos Humanos, Cambio en la filosofía de negocio y Poder. Cada variable se caracteriza por separado para fines didácticos, a pesar de que los procesos relatados se llevan a cabo en paralelo a lo largo de las acciones de CRM.

VARIABLE DE PLANIFICACIÓN Y SEGUIMIENTO DEL PROYECTO DE CRM

Para Peppers y Rogers Group, el proyecto de CRM es corporativo, e involucra a todas las áreas de la empresa. Parvatiyar y Sheth relatan que está aumentando el número de empresas que están adoptando estrategias, programas, herramientas y tecnologías centradas en los clientes en la gestión de las relaciones. Aunque el CRM utilice tecnología, su aplicación surge de la filosofía relacional, no de las herramientas. Es pertinente la definición de CRM presentada por Parvatiyar y Sheth, donde este es de amplitud estratégica, para adquirir, retener y participar en sociedades con los consumidores de valor para la empresa. En perspectiva estratégica, Shoemaker afirma que "las herramientas de CRM proporcionan accesibilidad, información precisa del cliente y mejores tiempos de ventas". Según Srivastava, Shervani y Fahey, en el desarrollo de estrategias, los gerentes de marketing deben analizar e identificar como una acción específica podría contribuir en el proyecto, desarrollo, implementación e integración de los procesos organizacionales. Salazar menciona que "la amplitud de la estrategia debe centrarse en determinar el valor del cliente, es decir, lo que representa la organización a los clientes".

Rust y Zeithaml dicen que una empresa mide el valor de sus clientes a través de la suma del consumo de productos y servicios a lo largo del tiempo, no sólo en términos actuales. La medida del valor del cliente para la empresa se lleva a cabo antes de las transacciones y contribuciones de un cliente en el transcurso del tiempo. Bolton y Steffens informan que el marketing es ideal para ejercer el papel de liderazgo en la transformación de la organización para su centralización en los clientes, ya que proporciona una mejor comprensión de la segmentación en clientes, la rentabilidad de los mismos, sus preferencias y las experiencias deseadas. Bhattacharya y Sen advierten que antes de formular y aplicar estrategias de identificación y de construcción, los gerentes deben definir con lo que quieren que los clientes identifiquen la empresa. Las empresas deben desarrollar estrategias para una sostenible, profunda y significativa interacción cliente-empresa, para que el cliente haga parte y sea internalizado en la organización. Estas interacciones deben centrarse en dejar a los clientes en contacto directo con la identidad de la empresa.

Hansotia advierte: "el CRM depende de una cuidadosa planificación y preparación de la organización", incluyendo el monitoreo constante. En opinión de Parvatiyar y Sheth, "se necesita la supervisión de los procesos para protegerse contra el fracaso y los conflictos administrativos en las relaciones". Los autores complementan diciendo que es necesaria la evaluación periódica de los resultados del CRM para confirmar que los programas están cumpliendo con las expectativas y la confirmación de que son sostenibles a lo largo del tiempo. El desarrollo de métricas es siempre una actividad compleja y, por lo tanto, la mayoría de las empresas tienden a utilizar medidas de marketing ya existentes para la evaluación de CRM. Grabner-Kraeuter y Moedritscher destacan que la dificultad de evaluar CRM es causada por la interdependencia de las estrategias de CRM y la alineación necesaria de los procesos de negocio de la empresa, que deben tomar el lugar de la centralización en clientes combinada con el aumento del valor económico. Para Bayer, medir el éxito de la estrategia de CRM está vinculado a todos los procesos. Esta medición debe hacerse en términos de actividades específicas que se centran en la mejora de los resultados de marketing. Gummesson complementa diciendo que es necesaria una definición mental dirigida para medir lo que se necesita y en qué momento la medida debe hacerse y si es posible llevar a cabo este tipo de medición.

VARIABLE RECURSOS HUMANOS

Relata Pedron que una formación adecuada y planificada es esencial para una implementación de CRM exitosa. Angelo y Giangrande consideran la formación un instrumento que permite la transmisión planificada y uniforme de los valores de la organización. Ferreira y Sganzerlla dicen que la formación es el acto de proporcionar a los trabajadores de la empresa herramientas, tecnología y una mayor autonomía en la toma de decisiones.

Un aspecto importante en relación con los recursos humanos de la organización es la capacitación de los proveedores de soluciones de CRM para el correcto desarrollo de las calificaciones en la implantación del proyecto. Los recursos humanos, como destaca Bogmann, son muy importantes en los proyectos de CRM. Contextualiza que las comunicaciones bidireccionales requieren claridad y deben producirse en un lenguaje inteligible para los involucrados.

También es crucial la formación del personal de la empresa usuaria del CRM, para que pueda ser realizada una adecuada atención, eliminando necesidades. Bretzke muestra el uso correcto de la tecnología como clave para la obtención de la capacidad de gestión de informaciones a través de software especializado, que proporcionan mejores condiciones para las actividades de marketing a través de CRM.

Los recursos humanos aparecen como una variable clave, que requiere la adaptación para la aplicación de las filosofías y prácticas de CRM. A las personas involucradas en los procesos de organización, según Souza, la búsqueda de rendimiento en las actividades laborales, sea la que sea, es de suma importancia para el éxito. Los empleados satisfechos, motivados e integrados en el proceso de trabajo como un conjunto, producen resultados más importantes para la organización. Los resultados de más alto rendimiento son provocados por varios factores, como la percepción y la valoración de las personas, el establecimiento de entornos difíciles, concesión de una mayor responsabilidad y autonomía (empowerment), buena relación con el liderazgo y compañeros (ambiente saludable). Además, el conocimiento de la misión, visión, valores y cultura de la organización.

Ferreira y Sganzerlla mencionan que la empresa debe valorar las actitudes innovadoras de sus empleados para que desarrollen la capacidad de asumir riesgos. Swift afirma que los sistemas de conocimiento de clientes, como es el caso del CRM, requieren que se produzca en mayor o menor medida, un cambio en los fundamentos de la filosofía empresarial, mayor colaboración de los agentes de la organización y la inclusión de nuevas ideas.

Según Buttle y Cox, los procesos y las personas son importantes para el desempeño favorable del CRM. Para Parvatiyar y Sheth "varias decisiones de recursos humanos también son importantes para crear el clima adecuado para la organización y administración del marketing relacional". En busca de un nivel ideal de rendimiento y el clima apropiado para la práctica de CRM en la empresa es necesario el conocimiento de sus capacidades internas. Brown considera las habilidades interpersonales como cruciales en el entorno empresarial. El CRM debe ser iniciado por una evaluación exhaustiva de las capacidades internas de la empresa y los esfuerzos entonces deben dirigirse, en particular, a la correcta gestión del aprendizaje de los empleados.

Srivastava et al. dicen que "la introducción de CRM en una organización necesita ser administrado con cuidado". Esta idea es apoyada por Campbell, afirmando que "las habilidades de una empresa derivan de sus habilidades y el aprendizaje colectivo, ejercido en todos los procesos existentes en la organización". Se trata de la adecuación del personal de la empresa de cara a las prácticas de CRM y procedimientos empresariales.

LA VARIABLE CAMBIO EN LA FILOSOFÍA ORGANIZACIONAL

En cuanto a los cambios necesarios en la filosofía empresarial para la adopción del CRM, en un primer momento surgen objetivos de revalorización, valores y misión de la empresa, elementos estructurales y cambios en la cultura de la empresa. Los cambios en la cultura surgen de los cambios en la postura de los agentes de la organización, especialmente los líderes. Nogueira, Mazzon y Terra en relación con los aspectos de liderazgo y de la cultura en los proyectos de CRM afirman ser el principal tópico para la capacitación de acción de los involucrados, es decir, el poder suministrado a los actores en el proceso de negociación entre el cliente y la empresa.

El cambio más importante es la necesidad de una estructura dirigida a centrarse en el cliente. Según Angelo y Giangrande, los nuevos valores implantados además de asimilados pasarán a componer parte de la cultura organizacional. Muchos valores tradicionales y ya existentes en la organización deberán mantenerse y fortalecerse. Bhattacharya y Sen afirman que "la identidad corporativa es moldeada por la misión, estructura, procesos y clima organizacional, además de las identidades individuales y de la distinción ante otras organizaciones". Según Hansotia, las estrategias de organización en su totalidad comienzan por la declaración de la misión empresarial. Antes de que la empresa se embarque en una estrategia de CRM es necesario revisar la declaración de su misión de garantizar que está claramente dirigida a centrarse en los clientes. Cuando se trata de cambiar las filosofías corporativas es importante reevaluar la estructura para que esta reciba la debida adaptación a los sistemas y a la filosofía del CRM. Los contornos de la organización, dice Brown, determinan la responsabilidad y la autoridad para cada posición, basada en la visión estratégica definida para las prácticas de CRM. "Las oportunidades que el CRM aporta solamente se pueden sentir si la empresa incorpora esta actividad en todos los sectores, a través de las prácticas" cotidianas. Por su parte, Kellen complementa relatando que "el CRM no es la simple gestión de las interacciones con los clientes, sino aprender cómo interactuar mejor con los clientes". Para la adecuación de las prácticas de CRM, así como para la verdadera comprensión de esta filosofía empresarial, es esencial la integración entre los sectores de la empresa y la participación de todos. Argumentan Ferreira y Sganzerlla sobre la necesidad de promover la unidad entre las personas en la empresa para que sea realizado un trabajo adecuado mediante el uso de la información. Se desea que haya una perspectiva de sentido común y el intercambio de esta información entre los sectores de la organización.

Kalakota y Robinson señalan que el servicio al cliente constituye la esencia del negocio de una empresa. Es esencial que los procesos internos de la organización tengan barreras departamentales reducidas. A través de este enfoque de integración, el objetivo de servir mejor a los clientes puede ser alcanzado y los procesos internos de la organización son más significativos La adopción de CRM implica la integración interna. Hansotia sostiene que el CRM no va a tener éxito si es apenas un sueño de la media y alta dirección, o de la cúpula de la organización. Se necesita el compromiso de la organización – de los gerentes y de los empleados.

LA VARIABLE ESTRUCTURA INTERNA DE PODER

Como punto de partida en relación con el poder, es importante el apoyo e incentivo de la alta dirección de la organización para la implantación de las herramientas y filosofías del CRM para lograr el éxito. Para Souza, el desarrollo del alto rendimiento personal, del equipo y del negocio en sí, es de suma importancia para las acciones dirigidas al uso de CRM. Es fundamental que los líderes, respaldados por la alta dirección, busquen subsidios internos y externos de forma continua, responsable, participativa y ética. Para Bogmann, el éxito del CRM depende de profundos cambios en el pensamiento y la actuación de los ejecutivos. Según el autor, estos deben comportarse como multiplicadores organizacionales, junto a los empleados, haciendo contacto y escuchándolos. Es importante, dicen Ferreira y Sganzerlla, claridad de la empresa para todos los que trabajan allí de las estrategias de relación adoptadas por el CRM también cuentan con el compromiso y el apoyo de la alta dirección de la organización.

En aplicaciones de CRM es necesario proporcionar la suficiente autonomía a los empleados para llevar a cabo las tareas diarias. La antigua visión de la delegación de órdenes, recuerda Bishop, debe ser sustituida por el empowerment. Cada empleado pasa a tener una mayor autoridad para asumir responsabilidades y cumplir con su función. Ferreira y Sganzerlla dicen que el empowerment es lo mismo que difundir o delegar poder, siendo uno de los más importantes aspectos de cambio en el marketing relacional. Balasubramanian, Konana y Menon hacen hincapié en que la satisfacción del cliente, y la relación con este, se gestionan con eficacia cuando se sumergen de forma simultánea por competencia y confianza. Para que los agentes de la organización puedan transmitir confianza a los clientes, la organización, en primera instancia debe depositar su confianza en su personal para las tareas, el poder de decidir, agilizando la toma de decisiones frente a los clientes, lo que es esencial en CRM. Además de otorgar poder de decisión a los empleados de contacto, hay otro aspecto de relevancia en relación con el ejercicio del poder. Es el papel del liderazgo. Se tiene el papel del líder en el proyecto de CRM relacionado con la minimización de los conflictos que puedan surgir entre los sectores de la empresa. Bretzke dice que uno de los aspectos más importantes y decisivos para que el proyecto logre el éxito deseado es su conducción por un liderazgo capaz de resolver los conflictos y que consiga entonces este líder garantizar la cooperación en la relación entre los equipos de proyecto. Day señala que el líder en relaciones dirige la firma para una ventaja competitiva en términos de gestión de las relaciones, lo que debe configurar el centro en la estrategia del negocio.

En cuanto al liderazgo, incluida la aplicación de los procesos, Bispo destaca que los líderes deben ejercer la visión más allá del simple objetivo de alcanzar las metas, donde es necesaria la comprensión de la gente y ejercer un mayor contacto con el equipo.

Es una realidad que el desarrollo de los empleados, en consonancia con las necesidades y valores de la empresa, aumenta el margen de seguridad para la implementación exitosa de los servicios de la empresa, lo que a su vez compete a los líderes. Los líderes que quieren alcanzar niveles de excelencia, en la visión de Souza, deben entender las diferencias individuales de los participantes del proceso de implementación del sistema CRM y, por lo tanto, actuar en los niveles de las habilidades de los miembros del equipo, asumiendo diferentes roles.

Durante la realización de las actividades, los líderes y los empleados deben estar preparados para recibir feedback, ya que, si este proceso no está bien realizado, puede causar desgaste en la relación entre el líder y el personal, y mantenerse alejado de la verdadera finalidad, que consiste en evaluar los puntos fuertes de rendimiento y aquellos que necesitan ser mejorados o cambiados en detrimento de los objetivos. Martiniano informa que el comportamiento del líder es un elemento clave en la gestión de los distintos procesos y sistemas. Es del líder en muchos casos la responsabilidad de decisiones, así como la consecuencia de estas. Ferreira y Sganzerlla hacen hincapié en que el papel de liderazgo no se limita a dar órdenes, dirigir a los empleados y comprobar los resultados. También responde a la provisión de las condiciones para que los empleados adecuadamente realicen sus funciones. Stone, Woodcock y Machtynger dicen que un programa de comunicación integrada de marketing tiene éxito cuando está infiltrado totalmente en el nivel organizacional. Se hace pertinente un sólido e impactante soporte interno, lo que es personificado a través de acciones de apoyo generales, que surgen del liderazgo. Srivastava, Shervani y Fahey consideran que los líderes, en particular los administradores, deben entender su dominio, el papel, la función y la contribución de cada uno de los principales procesos de la organización.

Delimitadas conceptualmente las cuatro variables organizacionales del CRM, siguen los resultados obtenidos a través de la investigación empírica.

METODOLOGÍA DE LA INVESTIGACIÓN

El método utilizado fue el caso de estudio. El trabajo se centró en las operaciones entre empresas, o segmento B2B, en el punto donde las organizaciones interactúan. Según Yin, el caso de estudio puede tener por finalidad la verificación de una sola realidad o caso único. Se trata este de un estudio exploratorio, que según Vieira "tiene como objetivo proporcionar al investigador una mayor familiaridad con el problema". Yin conceptualiza caso de estudio como una investigación empírica de un fenómeno contemporáneo dentro de su contexto de la vida real. Por lo tanto, Malhotra dice que cuando los problemas a ser estudiados son poco conocidos y dimensionados, y la investigación es exploratoria, la investigación de carácter cualitativo se convierte apropiada. Zaltman menciona que el desarrollo de una metodología de investigación debe estar guiada por el conocimiento sobre la naturaleza del fenómeno. Se adoptó este sistema de trabajo y los resultados basados en algunas fuentes de evidencia.

Se hizo necesario adoptar el formato de análisis de triangulación, entre la teoría y las empresas. Para Bruggen, Lilien y Kacker "los investigadores recogen información sobre las variables organizacionales a través de respuestas de los informantes en busca de dos importantes cuestiones de procedimiento": [1] determinar los informantes y [2] desarrollar una forma de agregar datos de respuesta global recogidos a través de múltiples informantes. Indican Boyd y Westfall que "la mayor parte de la información utilizada en mercadotecnia se obtiene a través de entrevistas". Complementa Zaltman diciendo que "el lenguaje verbal juega un papel importante en la representación, almacenamiento y comunicación del pensamiento". Para hacer frente a los supuestos de los autores, la opción por entrevistas se mostró la fuente esencial en la recopilación de datos primarios, o sea, evidencias presentadas en primer orden. La complementación por evidencias teóricas se utilizó, así como el análisis de datos secundarios. Por otro lado, las investigaciones realizadas en fuentes documentales y de datos virtuales, tales como en Internet, muy poco añadieron en la comprensión de la relación entre las empresas, en análisis relativos a la dimensión organizacional (y sus variables) del CRM.

Las entrevistas fueron semi-estructuradas, tras exhaustivas preguntas abiertas en profundidad. Los entrevistados fueron estimulados para proporcionar informaciones completas y detalladas. Se entrevistaron los responsables de la gestión y operacionalización de las prácticas de CRM de las organizaciones desarrolladora de soluciones de CRM y de sus clientes y usuarios del respectivo software de relación con clientes. Los clientes de la empresa usuaria consisten en otras organizaciones, respondiendo de nuevo por una relación de negocio entre las empresas. Se concluyó que los entrevistados apropiados serían los involucrados en la definición y control de los proyectos, en los que se excluyeron los programadores porque sólo implementan soporte técnico. Fueron entrevistados los tres directores centrales del proyecto en la empresa desarrolladora de CRM y el gerente de la empresa cliente. Los clientes de la empresa usuaria de la solución de CRM no se incluyeron en la encuesta por falta de acceso.

Alineado a lo que sugiere Malhotra, la validación del contenido de los guiones se hizo con expertos mediante el envío de estos a Doctores del Área de Marketing, que participan en la búsqueda de Marketing Relacional y CRM. La obra de Bardin se utilizó como referencia para el análisis de contenido. En cuanto al método utilizado para la obtención de los resultados, se llevó a cabo el llamado análisis nomológico. Esto es considerado por Bunn como "el último paso en el desarrollo de medidas". La validación nomológica de este caso de estudio se obtuvo mediante la comparación de los resultados de las entrevistas ante aquellos indicadores construidos por revisión de la literatura.

RESULTADOS DEL CASO DE ESTUDIO DE LA DIMENSIÓN ORGANIZACIONAL DEL CRM

Los resultados organizacionales sobre la relación de CRM entre las empresas se describen sintéticamente por variable, en respuesta a los presupuestos del análisis nomológico presentado en el método. La triangulación de resultados incorpora la comparación sistemática entre cada construcción teórica de una variable y sus resultados empíricos.

En el análisis del caso de estudio fueron reconocidos como indicadores la relación entre la teoría, la compañía de desarrollo y una empresa cliente y usuaria de las soluciones de CRM. A pesar de la innegable importancia de los elementos tecnológicos, los resultados propuestos en este estudio se concentran en la composición de los vectores organizacional para un CRM eficaz. En la práctica, (dimensiones tecnológicas y organizacional), son elementos inseparables.

RESULTADOS DE LA VARIABLE PLANIFICACIÓN Y SEGUIMIENTO DEL PROYECTO DE CRM

En el contexto de la empresa desarrolladora de CRM existe una herramienta desarrollada internamente utilizada sólo en el seguimiento del proyecto de la empresa cliente de la investigación. Esto ilustra el alto tamaño de esta herramienta, teniendo en cuenta las proporciones de ambas empresas, líderes en sus respectivos segmentos: computación en general y medios de comunicación. Los gerentes de la empresa de desarrollo de software están certificados en gestión de proyectos o Project Management Professional (PMP), una certificación internacional proporcionada por el Project Management Institute (PMI). Los indicadores de este reglamento determinan los procedimientos que deben adoptarse. El desarrollador de CRM actúa mediante la evaluación de los cambios necesarios, lleva a cabo el seguimiento y constantemente comprueba la calidad de la solución. Los detalles del sistema parten de la empresa cliente-usuaria.

En la empresa cliente de CRM, el enfoque de la planificación y el seguimiento se enfrenta a la estrategia comercial. Se pidió al desarrollador proporcionar una mejor definición del negocio y definir la arquitectura del sistema. En una etapa posterior, se pidió a la compañía de software desarrollar aplicaciones y mejoras en el sistema. La contratada, sin embargo, no ayuda en términos de negocio, debido al enfoque restringido en software (planta investigada).

La teoría en líneas generales proclama que las personas, los procesos y los sistemas deben integrarse para que las iniciativas de CRM sean viables. El CRM no sólo requiere una monitorización sino también la planificación y preparación de la organización para eventuales cambios que se puedan producir. Los procesos deben ser conocidos y mejorados para obtener información precisa de los clientes. Esta información puede ser utilizada por las organizaciones para lograr resultados y rendimiento superior en las operaciones.

En resumen, la relación entre las empresas y de estas con la teoría en este indicador muestra que la gestión del entorno de la empresa cliente es una práctica dinámica. En la desarrolladora de software, todos los aspectos de la planificación y el seguimiento de los proyectos siguen reglas rígidas. Estos son guiados por las herramientas de gestión interna y por la norma que la empresa sigue para conseguir un referente de calidad en el desarrollo de software, que se confiere por el PMI, que la empresa en el momento de la investigación se encontraba a punto de obtener el nivel tres. Aunque el promotor cumple con los requisitos de la usuaria de CRM, existen lagunas a solucionar. La usuaria se centra en la planificación y el seguimiento de la estrategia empresarial; la empresa desarrolladora en el software. Es el punto no alineado entre las empresas.

RESULTADOS DE LA VARIABLE RECURSOS HUMANOS

Los equipos de los proyectos de desarrollo llevan a cabo entrenamientos constantes, muchos de los cuales son obligatorios. Una de las preocupaciones es que el cliente utilice la solución desarrollada en su totalidad. La compañía de software considera conocer de forma completa sus capacidades internas y el equipo de desarrollo conoce y trabaja con la visión de todo el proyecto. La capacitación del personal de la empresa cliente de CRM no es hecha por la desarrolladora de la solución. La influencia ejercida por la desarrolladora para la delegación de poder y de tareas al personal de la empresa cliente se limita al asesoramiento en la toma de decisiones. La adopción de especificaciones de personal y sugerencias de desarrollado de CRM sólo se aceptará si la empresa cliente lo estima conveniente.

La empresa cliente-usuaria de CRM se divide en relación con las ventas de espacio comercial en dos subáreas. El marketing que apoya a las estrategias de ventas y; las operaciones comerciales que se refieren a la entrega de las ventas y los medios de formación y apoyo. La compañía de software no ofrece ningún tipo de formación al cliente, lo que puede ser entendido como una tara. La usuaria de CRM reconoce la competencia del personal de su proveedora de soluciones de tecnología de relacionamiento con los clientes. Un fallo de la empresa cliente fue no medir las mejoras adquiridas durante el uso de las nuevas tecnologías utilizadas en sus operaciones. El personal de la empresa cliente está mejorando y esta laguna sobre la medida será parte de la pauta de las prácticas de gestión a ser redefinidas.

En cuanto a la teoría, para que el CRM se convierta en una práctica organizacional, se necesita un clima favorable y una estructura organizacional adecuada. A través de la formación la empresa puede transmitir de forma adecuada y estructurada su planificación y difundir los valores organizacionales de manera uniforme para ser cultivados. Para el éxito de las acciones de relacionamiento con los clientes, los empleados de la organización deben estar seguros de su importancia en el papel que desempeñan y en las funciones que deben cumplir.

En la comparación general de este indicador, se encontró que la compañía de software no pudo obtener un mayor reconocimiento de calidad por la empresa cliente por no haber proporcionado la formación inicial para utilizar el sistema. Esta acción podría representar un diferencial, pero no se hizo. La empresa usuaria también falló en la preparación inicial del personal, aunque con el paso del tiempo haya tenido más éxito. También perdió la oportunidad de medir la efectividad de la solución, comparando el rendimiento antes y después del uso de la solución proporcionada por la empresa desarrolladora.

En cuanto a los demás aspectos existen conocimientos mutuos entre organizaciones y estas también conocen la plenitud de sus fuerzas de trabajo. Las empresas investigadas en este trabajo interactúan a través de un amplio y abierto canal de comunicación. Hay en la actualidad congruencia en este indicador, lo que no ocurrió en la fase inicial de la asociación.

RESULTADOS DE LA VARIABLE CAMBIO EN LA FILOSOFÍA ORGANIZACIONAL

En la empresa de tecnología, la evaluación de los objetivos y las acciones subsiguientes no son aspectos negativos para el proyecto. Hay mejoras continuas, evolutivas y el aumento de la calidad en la empresa. Esta mejora se transmite para satisfacer las necesidades de los clientes. La empresa desarrolladora controla mejoras internas mediante indicadores. Todos los cambios están relacionados con los proyectos y estos son manejados de forma independiente. Cada proyecto es único. Las adaptaciones requeridas a la organización por parte del cliente son vistas como necesarias. Las cuestiones internas son revisadas y es hecho el choque cultural. La integración entre sectores también es objeto de revalorizaciones, para la unión de las fuerzas, a través de procesos de formación y revisión de los proyectos.

Consta en la teoría que toda forma de cambio enfrenta un cierto grado de resistencia. Sin embargo, los cambios son necesarios para que la empresa lleve a cabo acciones efectivas de CRM. Entre estos cambios, los ocurridos en la filosofía empresarial son esenciales para que la relación con los clientes sea efectiva y significativa.

En la coherencia analítica se encontró que los cambios, sobre todo los que afectan a la cultura y a la rutina de las actividades, muestran que las empresas encuestadas están de acuerdo con la referencia teórica. En la fase inicial los procesos de cambio son traumáticos, pero son un procedimiento fundamental para que las organizaciones prosperen y se mantengan en línea con el mercado. Cuando es necesario, las empresas están dispuestas a hacer cambios para mejorar las operaciones. Esta variable de estudio presentó la alineación completa de la relación existente entre la empresa de desarrollo, la compañía cliente-usuaria y la teoría de CRM.

RESULTADOS DE LA VARIABLE ESTRUCTURA INTERNA DE PODER

La unión al proyecto y la relación de poder implica a toda la compañía de software, además de ser un factor crítico para el éxito. La empresa desarrolladora de soluciones de CRM informa que en la empresa cliente ocurre un fenómeno similar. Evaluaciones en la firma proveedora se realizan teniendo en cuenta a afectados y no afectados. La gestión de todos los miembros del proyecto es constante. Empowerment se lleva a cabo dentro del proyecto y la tecnología activa verifica que este formato de delegación de poder también se produce en la empresa cliente. La proveedora de CRM no interfiere en la delegación de poderes en su cliente, al presentar los requisitos para el funcionamiento del sistema en forma de sugerencia. La empresa de software funciona en una estructura jerárquica matricial, con órdenes top down y a través de líderes, que son cruciales para las operaciones que se realizan en la empresa cliente.

A su vez, el acceso al operacional de la solución de CRM se define en la compañía cliente, en niveles de acceso por jerarquías. El liderazgo en la herramienta no está definido por las normas formales al ser un proceso dinámico. La autogestión es una práctica común en la empresa, que también afecta al nivel operacional. Existe la práctica de empowerment y la preocupación por los líderes. El tipo de liderazgo no es formal, pero se asigna y se da a entender, de acuerdo con la naturaleza del cargo. Incluso si no se establece de manera rígida, el liderazgo se entiende en la empresa cliente como un aspecto crucial.

Dice la constitución teórica que para que las prácticas de CRM sean generalizadas en la empresa, éstas requieren la aceptación primaria de los más altos cargos de la estructura jerárquica de la organización. Sin embargo, el compromiso debe ser total, lo que hace que la delegación del poder a los empleados sea una práctica esencial, a través de las acciones de empowerment.

Para una definición clara de los vínculos de los empleados surge la necesidad de líderes. El comportamiento del líder es referencial de conducta y es esencial para una gestión adecuada y eficaz de las actividades de CRM.

En el análisis final de esta variable hay una relación de interacción entre las empresas entrevistadas adecuada y bien dimensionada. En cuanto al mantenimiento del sistema de CRM la empresa desarrolladora opera directamente en el entorno de su cliente. Hay líderes en ambas compañías y estos realizan comunicaciones sin barreras de información. El elemento de toma de decisiones en la empresa usuaria puede estar influido por el desarrollador, pero la empresa cliente es quien toma la decisión final en su entorno. La intervención de desarrollo en la empresa usuaria de CRM se hace mediante la solicitud de la propia empresa cliente. La compañía de software construye lo que quiere el cliente. Las formas de liderazgo de las empresas son diferentes. El liderazgo en la vendedora del sistema se realiza mediante una estructura rígida y se define por la jerarquía. En la estructura de la empresa que opera el CRM, la estructura es más dinámica, en la que hay diferentes niveles de toma de decisiones. Sin embargo, la empresa cliente opera con un liderazgo mucho menos estructurado, lo que proporciona una mayor dimensión a los empleados que trabajan en equipo, lo que proporciona la distribución de poder adecuado para el trabajo con los clientes. Las congruencias son relativas en la variable organizacional Poder.

CONSIDERACIONES FINALES

Ante el resultado de las triangulaciones, se puede presentar la esencia de las cuatro variables de la dimensión organizacional del CRM. Las variables se describen comenzando por la "Planificación y Seguimiento del Proyecto del CRM". Parece que este indicador es consistente en prácticamente todos los aspectos analizados, a excepción de las diferencias derivadas de la propia naturaleza de las organizaciones. La empresa desarrolladora está orientada principalmente al desarrollo de software, mientras que su cliente-usuaria de la solución de CRM centra sus estrategias en una perspectiva fundamentada en la estrategia comercial.

Las variables "Recursos Humanos" también son congruentes dado el estado actual de la colaboración entre las empresas. En el inicio de la relación, probablemente debido a las diferentes estructuras y enfoques, las empresas no fueron congruentes en la integración de sus activos humanos. El problema de la incongruencia inicial fue dirigido a la actual fase de colaboración mediante la creación por parte del socio de un amplio y abierto canal de comunicación, dirigido a la comprensión mutua entre las empresas, a pesar de todas las diferencias encontradas. Para las necesidades de reestructuración y adaptación del proyecto, y ante los esfuerzos para el éxito de la asociación, las empresas consiguen la coherencia en lo que se presentó como "Cambio en la Filosofía Empresarial", un indicador que muestra la coherencia entre la relación de esta variable con la anterior.

Por último, y como uno de los resultados más importantes, la proporción de "Poder" entre las empresas fue vista como una congruencia relativa. La caracterización relativa se presenta de acuerdo con las empresas, aunque interactuando con la calidad de la asociación, seguía sin cambiar su estructura de liderazgo, confianza y poder. A pesar de la relación relativamente estable entre las organizaciones y de la evolución gradual de la asociación, las estructuras jerárquicas difieren. Mientras que la empresa cliente opera a través de una gestión orientada dinámicamente, por objetivo y resultado, la compañía de desarrollo de CRM, en la planta de negocios investigada, mantiene una estructura jerárquica, rígida y matricial. El análisis de los datos secundarios muestra que la jerarquía es una característica general de la institución, visto que configura una empresa multinacional, y líder en su segmento central de actuación. Como los estándares de software seguidos son un estándar de adopción internacional, se supone que una de las razones que justifican la estructura jerárquica de las operaciones de la empresa de desarrollo de soluciones de CRM investigada en este trabajo.

Los indicadores teóricos propuestos muestran la importancia de los aspectos organizacionales para las prácticas de relación con los clientes, demostrando que el CRM es una estrategia formada por sinérgicas y necesarias variables. Por último, está el cuadro de resultados de la dimensión organizacional del CRM, construido mediante la triangulación entre teoría y los resultados empíricos que se obtuvieron en las empresas, respectivamente, firma desarrolladora y firma usuaria del software de relación con los clientes.

Variables de la dimensión organizacional del CRM	Congruencias del estudio
Planeamiento y Seguimiento del Proyecto de CRM	El indicador es constante en casi todos los sentidos, a excepción de algunas lagunas y la diferencia en el enfoque de las empresas. Enfoque de la Desarrolladora: Software. Enfoque de la Cliente-usuaria: Estrategia Comercial.
Recursos Humanos	En la fase actual de la asociación existe congruencia, aunque al principio no fue así. Las empresas interactúan a través de un canal de comunicación amplio y abierto.
Cambio en la Filosofía Empresarial	Indicador congruente en la relación desarrolladora-usuaria-teoría.
Poder	La variable Poder cuenta con congruencia relativa. * * Las empresas operan a través de diferentes estructuras de liderazgo. La desarrolladora es rígida y matricial. La cliente-usuaria es una empresa con operaciones y gestión dinámicas.

Tabla 1: Resumen de los resultados de la Dimensión Organizacional CRM.

A través de los resultados obtenidos, ilustrados en la tabla anterior, surgen cuestiones para futuras investigaciones. Por ejemplo, una de ellas es identificar, "¿Cómo reducir el sesgo de foco con organizaciones con énfasis distintos para aproximar las visiones de negocio de una cliente usuaria del sistema y de la tecnología propuesta por la empresa desarrolladora de CRM?". A pesar de la orientación para el software, la empresa de tecnología requiere comprender al menos de forma superficial las operaciones de la empresa cliente, con el fin de desarrollar un CRM eficaz. También las diferentes estructuras organizacionales requieren adecuación para que el proyecto tenga éxito, lo que ocurrió en caso el presentado.

Las personas también constituyen un elemento que requiere integración para el éxito de un desarrollo personalizado de solución tecnológica. Al igual que en el caso presentado en el desarrollo a largo plazo es común la intervención de diferentes empresas en la estructura de la otra, en el caso, de personal de desarrollo en el entorno de la empresa cliente. Es necesario definir de manera adecuada como se producirá este tipo de intervención, tanto para fines contractuales como para fines operativos, teniendo en mente la armonía en la relación B2B.

EL CRM PARA LA INICIACIÓN, MANTENIMIENTO Y FINALIZACIÓN DE LAS RELACIONES COMERCIALES

Este capítulo tiene como objetivo analizar cómo la aplicación de un sistema de CRM (Customer Relationship Management) afecta a la iniciación, el mantenimiento y la finalización de las relaciones comerciales en un proveedor de servicios bancarios. En concreto, hemos tratado de entender cómo los sistemas de CRM favorecen la evaluación de clientes actuales y potenciales, y verificar si la implantación de sistemas de CRM se asocia con una mejor comprensión del cliente y de las interacciones anteriores, en este contexto de servicio. Una investigación cualitativa se llevó a cabo en una gran institución bancaria. Los resultados muestran que los sistemas de CRM tienen una contribución importante sólo en relación con la fase de mantenimiento de los clientes, principalmente a través de la venta cruzada, cross-selling.

INTRODUCCIÓN

Por primera vez en su carrera desde hace setenta años, la Asociación Americana de Marketing - AMA incluyó en la definición de marketing, la gestión de las relaciones con los clientes: El marketing es una función organizacional y un conjunto de procesos que buscan crear, comunicar y entregar valor a los clientes y gestionar las relaciones con los clientes con el fin de que beneficie a la empresa y a sus grupos de interés (AMA, 2004).

La decisión de incluir en el marketing una palabra clave denominada gestión de la relación con el cliente no excluye el contexto transaccional o el intercambio discreto de su función. Después de todo, cada relación de negocios comienza por una transacción, pero es un reconocimiento de que, en muchas situaciones de negocios, puede haber una perspectiva o un énfasis más transaccional o más relacional, dependiendo del conjunto de factores tales como la naturaleza del producto, la situación competitiva, la condición del mercado y las necesidades y los deseos de los clientes.

Así, el marketing relacional o marketing dirigido a las relaciones comerciales busca identificar, establecer, mantener, mejorar y, cuando es necesario, terminar las relaciones con los clientes (y otras partes). Esto es posible a través de un intercambio mutuo y del cumplimiento de promesas.

En este contexto, se encuentra el concepto de relación derivada de interacciones sucesivas y, sobre todo, el recuerdo de las interacciones pasadas, dado que la calidad de las interacciones se define por el número de veces que los involucrados se recuerdan y utilizan los recuerdos de estas interacciones anteriores (Greenberg, 2001). Desde la perspectiva de la empresa, el cliente es una parte de su mercado total, pero desde la perspectiva del cliente cada punto de contacto es una relación con la empresa, en la figura del representante (Gordon, 1999). Otros factores, como la confianza y las interacciones del tipo gana-gana, son cruciales y necesarios para el establecimiento y la continuidad de una relación (Gordon, 1999).

El gran reto de la filosofía del marketing relacional es exactamente el alcance de sus objetivos, como se mencionó anteriormente, ya que el conocimiento del cliente contiene ciertos atributos que lo convierten en uno de los más complejos tipos de conocimiento, poseyendo carácter dinámico.

Es precisamente a través del sistema de gestión de relaciones con el cliente (CRM), uniendo las áreas de marketing y de la tecnología de la información, que, según Gummesson, las mejores prácticas de marketing relacional prometen ser puestas en práctica. Para el autor, el CRM tiene como objetivo hacer posible la mejora de la experiencia del cliente en cada interacción con la empresa, para conocerlos, para evaluarlos, para que todos los puntos de contacto de la organización estén integrados con ellos y cambiar los procesos relacionados con la satisfacción de sus necesidades. Así, el CRM se compromete a influir en la iniciación, mantenimiento y finalización de las relaciones comerciales con sus clientes, lo que incluye la interacción con ellos en sus diferentes etapas del ciclo de vida, incluso con aquellos que tengan la intención de abandonarlos o ya lo han hecho. Estas ventajas, entre otras, han sido ampliamente anunciadas por las empresas de consultoría y softwarehouses. Con todo, al mismo tiempo, surge en el mundo académico, la preocupación: ¿el CRM es una "nueva gran idea" actuando en el mercado como una manera oportunista para aumentar las ventas, o, de hecho, el CRM tiene apoyo académico e implicaciones gerenciales eficaces? Aparte de eso, algunas cuestiones fundamentales deben abordarse. Aunque el soporte conceptual del CRM sea difícilmente cuestionado, los desafíos de implementación parecen ser enormes, como lo demuestran los estudios en busca de marketing comercial. Estos estudios proporcionan evidencias convergentes de que aproximadamente el 70% de los proyectos de CRM generan malos resultados para el desempeño de las organizaciones.

En el caso de los proveedores de servicios bancarios, de acuerdo con Ferro, las dificultades de la gestión de las relaciones con los clientes se evidencian por la multitud de clientes, productos (inversiones a corto y largo plazo, seguros, tarjetas de crédito, etc.) y de canales de atención (agencias, cajeros, Internet, teléfono, servicios bancarios y softwares específicos para transacciones financieras). Estos son hechos que hacen que el diseño de sistemas capaces de integrar todos los puntos de contacto con el cliente y de realizar la captura y estructuración de las diversas informaciones que participan en el proceso de CRM, con el fin de generar una visión unificada y enfocada para el cliente – algo extremadamente complejo y desafiante.

Por un lado, las instituciones financieras tienen un gran reto que hay que superar, Bretzke establece que estas tienen numerosas oportunidades para recopilar información sobre sus clientes, sin incurrir en altos costes. Con las bases de datos, los clientes actuales y potenciales es probable intensificar la lealtad a la empresa.

Según la autora, lo que pasa es que, a menudo, los bancos y las aseguradoras interrumpen esta espiral de intensificación de la fidelidad, y se satisfacen simplemente con la conversión de un cliente potencial en cliente de la institución.

En función de los argumentos anteriormente esgrimidos, la pregunta a la que hemos tratado de responder es: ¿Cómo las aplicaciones de los sistemas de CRM afectan a la iniciación, mantenimiento y finalización de las relaciones de las instituciones bancarias con sus clientes finales?

El problema descrito anteriormente dio lugar a los siguientes objetivos: (1) analizar cómo la aplicación de un sistema de CRM afecta a la iniciación, mantenimiento y finalización de las relaciones comerciales en un proveedor de servicios bancarios, que es el objetivo principal; (2) comprender cómo los sistemas de CRM favorecen la evaluación de los clientes actuales y potenciales de estas empresas; y (3) verificar, en este contexto, si el uso de los sistemas de CRM se asocia con un mejor conocimiento de los clientes y de las interacciones pasadas.

REFERENCIAL TEÓRICO

Las relaciones con los clientes crecen en importancia en la determinación del éxito de una empresa, mientras que otras formas tradicionales de diferenciación competitiva - tales como los productos - se desgastan o se neutralizan en muchos sectores, como la banca. De hecho, esa es una zona que queda en la empresa que puede ser proactiva y controlar su destino. Una empresa no puede controlar el avance de la tecnología, la economía, por no hablar de su competencia, pero puede controlar la forma en que maneja sus relaciones con sus clientes. Zineldin corrobora este punto de vista, considerando que las empresas deben desarrollar relaciones a largo plazo con sus clientes.

Las microempresas de diversas ramas de actividades son capaces de gestionar la relación con sus clientes, sin la necesidad de una formalización en el tratamiento de la información sobre ellos y sus especificidades. Esto ocurre por la pequeña cartera de clientes y, en consecuencia, por la mayor capacidad de la dirección y de los empleados para retener información basada sólo en la memoria. Sin embargo, con la creciente complejidad de las organizaciones y del número de clientes, esta práctica se vuelve obsoleta, siendo necesarios otros procedimientos estructurados para el manejo de datos y de la información del cliente. Aquí es donde la tecnología de la información centrada en el CRM se convierte en crítica para el proceso de contacto con el cliente. Según Sena, "El conocimiento sobre el cliente no sólo puede obtenerse a partir de técnicas tradicionales [...] Este conocimiento debe darse a partir de tecnologías afines a las actitudes corporativas [...]". En este sentido, Belitardo añade que después de muchos contactos y en diversos lugares, las relaciones con los clientes se vuelven imposibles de ser administradas sin el apoyo de tecnología de la información, especialmente las bases de datos.

Se observa que el CRM no es un fenómeno reciente y restringido al uso de la tecnología y del software, a pesar de que los avances de los sistemas automatizados han dado mayor relevancia al tema desde finales de los años 90. Es un concepto, cuya filosofía se basa en los principios del marketing de relación y la tecnología es una herramienta necesaria para su aplicación (Belitardo, 2000). Para Gordon y Zineldin, el CRM aparece como un modelo de negocios, que combina la tecnología con los componentes humanos y estructurales, lo que permite la gestión de las relaciones entre las personas y la búsqueda de crear y mantener relaciones duraderas, mediante la creación de más valor para las partes a largo plazo.

El sector bancario, según Gonçalves y Gosling, tiene características únicas que favorecen la aplicación del marketing relacional - por ejemplo, favoreciendo las relaciones a largo plazo como una manera de controlar los tomadores de préstamos y producir información para el crédito. Además, la mayoría de los empleados reciben sus salarios vinculados a la rentabilidad de los bancos, lo que facilita la adopción de estrategias de marketing relacional. Por otro lado, los autores consideran que hay otras características relevantes con otros sectores, como el flujo continuo de interacciones con los clientes, la presencia de servicios a largo plazo y la apertura de los clientes a la relación, como formas de combatir los riesgos. Vale la pena destacar que el sector bancario es uno de los mayores inversores en tecnología de la información. Así que todos estos hechos facilitan el uso de tecnologías, procesos y estrategias dirigidas al CRM en el contexto de los proveedores de servicios bancarios.

Gummerson conceptualiza el CRM como los valores y las estrategias de marketing relacional traducidas en aplicaciones prácticas. Del mismo modo, Bretzke enseña que una empresa puede obtener una ventaja competitiva mediante la toma de decisiones estratégicas desarrolladas con mayor conocimiento del mercado, de la infraestructura del sector, de los proveedores y de los competidores. Estas visiones se vuelcan a la estrategia.

Por otra parte, Greenberg ofrece una visión volcada al sistema: CRM es un sistema completo que (1) proporciona los medios y el método para mejorar la experiencia del consumidor individual por lo que se convierte en un cliente para toda la vida, (2) proporciona los medios técnicos y funcionales para la identificación, conquista y la retención de clientes, y (3) proporciona una visión unificada del cliente a la organización en su conjunto.

Finalmente, Reinartz et al. (2004) conceptualizan CRM como un proceso sistemático de gestión de las relaciones con los clientes en la iniciación, mantenimiento y finalización, a través de todos los puntos de contacto para maximizar el valor de la cartera de relaciones. Añade también que este proceso tiene sub-dimensiones para cada dimensión primaria (iniciación, mantenimiento y finalización) de la relación. La evaluación del cliente es la primera sub-dimensión de cada dimensión primaria. Las posteriores sub-dimensiones son gestión de la adquisición y de la recuperación para la etapa de iniciación; la gestión de la retención, up-selling/cross-selling y la indicación para la etapa de mantenimiento; y la gestión de salida para la fase de finalización.

Por lo tanto, se observa que tres palabras clave forman el concepto de CRM: estrategia, proceso y sistema. Aquí asumiremos el concepto de CRM como un sistema capaz de aplicar los principios del marketing de relaciones, con el fin de gestionar las relaciones con los clientes en todo el proceso sistemático para iniciar, mantener y finalizar las relaciones con los mismos.

Jayachandran señala que muchas empresas han invertido en tecnología de CRM esperando discriminar entre clientes rentables y no rentables, proporcionar servicios personalizados y lograr una mayor retención de clientes. Para Mithas et al., la principal motivación de una empresa para implementar aplicaciones de CRM es identificar el comportamiento del cliente, con el fin de conocer mejor sus preferencias y necesidades apremiantes. Gracias a la organización y el uso de esta información, las empresas pueden diseñar y desarrollar mejores productos y servicios.

Gummeson y Gordon añaden que el foco del CRM es generar valor creciente tanto para el accionista como para el cliente o prospect a largo plazo. Por último, Swift señala que las aplicaciones de CRM son impulsadas para la búsqueda de aumentar la retención, fidelidad y rentabilidad de los clientes.

El CRM, según Dyer y Liebrenz-Himes, tiene dos objetivos principales: (1) proporcionar los medios para adquirir información sobre los comportamientos de los clientes, estilos de vida y necesidades, permitiendo así a los usuarios predecir el comportamiento; y (2) utilizar esta información para satisfacer mejor las necesidades de los clientes. Según los autores, este enfoque proactivo sirve a una organización para proporcionar a los clientes un servicio único que está dirigido a satisfacer sus deseos y necesidades y también sirve como una fuente de ventaja competitiva.

El CRM puede facilitar la fidelización de los clientes debido a la provisión de servicios personalizados y de una mejor comprensión de los clientes, lo que permite la segmentación del mercado para identificar dónde pueden ser construidas relaciones rentables permanentes y la diferenciación de la competencia. Las empresas pasan a ser estructuradas de acuerdo con las características de los clientes y de sus necesidades específicas. Reichheld y Gordon destacan que la lealtad se logra principalmente por proporcionar valor añadido a cada cliente. Por lo tanto, el CRM no se limita a proporcionar un valor personalizado- como presupone, por ejemplo, una campaña de marketing one to one - sino también un valor más alto en cada interacción con el cliente.

Belitardo corrobora este punto de vista, considerando que el cliente, al proporcionar información a la organización, está invirtiendo en la relación, incluso cuando la enseñanza de sus necesidades, preferencias y gustos implica costes. A su vez, el CRM genera un diálogo único y continuo entre las partes a lo largo del tiempo. Para que esto ocurra, primero deben identificarse (características, forma preferida de contacto, todas las quejas y acciones tomadas) y diferenciación (necesidades y valor) del cliente.

Se observa que esta información debe estar disponible en todos los puntos de contacto con el cliente. Además, el CRM almacena y "trabaja" toda la información sobre el cliente para generar productos cada vez más optimizados a sus necesidades específicas. Pero si el valor corresponde a la percepción que tiene el cliente de los beneficios menos los costes de mantener una relación continua, entonces el CRM crea valor y, en consecuencia, la fidelidad.

Gardesani y Silva citan que la adquisición y reconquista estratégica de los clientes, así como una mayor participación de los clientes (share of customer), pueden ser considerados como el primer y el último paso, respectivamente, del desarrollo de la lealtad del cliente. Si el CRM, según Handen, se puede dividir en cuatro tipos de programas - de adquisición de clientes potenciales (prospecting), reconquista de clientes, conquista de la lealtad de los clientes y ventas por cross-selling y up-sell- entonces este puede generar relación.

Además de eso, Gardesani y Silva verifican empíricamente el impacto positivo del CRM en las siguientes variables: consecución de clientes rentables, reconquista de clientes, fidelización de clientes y ventas por cross-selling y up-sell. Es de destacar que Dyer y Liebrenz-Himes abogan por el uso del CRM "como una herramienta para atraer y retener clientes, sobre todo cuando las relaciones personales son fundamentales para la lealtad del cliente".

Mithas et al. (2005) consideran que las aplicaciones de CRM afectan la satisfacción del cliente por tres razones. La primera es que permiten a las empresas personalizar las ofertas para cada cliente, acumulando información de las interacciones con los clientes y procesando esta información para descubrir patrones ocultos. A su vez, las ofertas personalizadas aumentan la percepción de calidad de productos y servicios desde el punto de vista del cliente. La calidad percibida es un determinante de la satisfacción del cliente y, por lo tanto, las aplicaciones de CRM afectan indirectamente a la satisfacción del cliente a través de su efecto sobre ella.

En segundo lugar, además de aumentar la calidad percibida de las ofertas, las aplicaciones de CRM también permiten a las empresas mejorar la confianza en la experiencia del consumidor, al facilitar la tramitación precisa de pedidos de los clientes y la gestión continua de las cuentas de estos clientes.

Por último, las aplicaciones de CRM también ayudan a las empresas a gestionar las relaciones con los clientes de manera más efectiva a través de las etapas de iniciación, mantenimiento y finalización de la relación.

Mithas et al. (2005) sugieren que el valor real de las aplicaciones de CRM radica en la recopilación y difusión de conocimiento del cliente, obtenido a través de interacciones repetidas, que permiten a las empresas delinear sus ofertas para atender las necesidades de sus clientes. Gummerson hace hincapié en el tema del conocimiento del cliente, estableciendo como principal valor del CRM la transformación del capital humano en capital estructural, que forma el conocimiento incorporado (inseparable de su entorno) en detrimento de la migración (portátil). El CRM electrónico (eCRM) es, principalmente, capital estructural.

La información sobre el consumidor previamente almacenada en la cabeza de una o algunas personas ahora se puede almacenar en data warehouses y someterse a la minería de datos. La información se mantendrá incluso si el empleado deja la empresa. No obstante, mantener el data warehouse en forma es el reto oscuro que el equipo no puede manejar por sí solo - y esta es una de las principales funciones del componente humano (hCRM).

Jayachandran hace hincapié en el papel del CRM en las relaciones, a través de la información. El autor considera que el establecimiento de relaciones entre las empresas y sus clientes implica la comunicación, la confianza y el compromiso. La comunicación es necesaria para la confianza y esta para el compromiso. Así, el primer paso para el establecimiento de una relación es la comunicación que, en el contexto del CRM, implica el intercambio de información entre una empresa y sus clientes. Para construir y mantener relaciones, es también imprescindible que las empresas utilicen la información para dar forma a las respuestas adecuadas a las necesidades del cliente. En efecto, la información juega un papel clave en la formación y en el mantenimiento de relaciones con los clientes.

En cuanto a la evaluación de los clientes, Reinartz et al., afirman que: "Un hallazgo común es que los mejores clientes no reciben su parte justa de atención y que algunas empresas invierten mucho en los clientes poco rentables". Sucesivamente, Bendapudi y Berry consideran que el proceso de construcción y mantenimiento de las relaciones con los clientes extienden oportunidades y costes de inversión. De este modo, las empresas se pueden favorecer al descubrir aquellos clientes que son más receptivos para mantener relaciones lo que, en la concepción de Zineldin, constituye una manera de evaluarlos en relación a los transaccionales.

Los costes de inversión en la construcción de relaciones incluyen los costes de perforación, el coste de identificación de las necesidades del cliente y el coste de la supervisión del rendimiento. El pago de las empresas viene sólo cuando las relaciones duran. Por lo tanto, una empresa debe centrarse en la identificación de los clientes que tienen más probabilidades de mantener relaciones a largo plazo con ella. Por lo tanto, obtener una forma de evaluar el valor de los clientes es una herramienta importante en la determinación de los niveles de prioridad a dar a cada uno de ellos.

Según Zineldin, el CRM es una herramienta importante en la identificación de grupos de clientes y ayuda a decidir sobre la elección de los clientes que se mantendrán. En este aspecto, según Greenberg: Tener un CRM eficaz es ser capaz de determinar qué clientes son más rentables, identificar la causa de eso y asegurar que los procesos y prácticas específicas para dicho cliente mantienen o aumentan esta rentabilidad. También es capaz de identificar a los clientes menos rentables, comprender las razones de esto y ser capaz de cambiar las tácticas para asegurar la rentabilidad futura.

Greenberg argumenta que los clientes se evalúan mediante el cálculo del valor de su ciclo de vida, al igual que los ingresos generados por ese cliente en particular en relación con el ciclo de vida previsto para esta relación. Este último tiene, como factores determinantes, la tasa de retención de clientes, el valor medio monetario de un pedido de cliente, el número de solicitudes por año, el coste de adquisición de clientes, otros costes directos e indirectos, las ganancias por orden y la consideración de valor actual neto.

METODOLOGÍA

Un estudio cualitativo se llevó a cabo utilizando como estrategia la investigación, el estudio de caso. Esto, de acuerdo con Bruyne et al. (1991), permite el estudio de los fenómenos en profundidad, a través de la elección de los casos particulares, preservando las características holísticas y significativas de los eventos de la vida real. En este estudio, se determinó un importante banco nacional, llamado Banco A. Como instrumento de recolección de datos se llevó a cabo entrevistas en profundidad, que se hicieron junto a un gerente y dos ayudantes regionales, aquí denominados Entrevistados 1, 2 y 3 respectivamente, con una duración media de 40 minutos. Las entrevistas se llevaron a cabo con el consentimiento de los entrevistados, siendo que los mismos fueron informados sobre la finalidad y los objetivos de la investigación, bien como se asumió la obligación de confidencialidad de los datos personales y de la institución.

Las entrevistas fueron grabadas, transcritas y analizadas por medio del análisis de contenido (Bardin, 1977), que se organizó en torno a tres polos cronológicos. El primero fue el pre-análisis, que fue simplemente la organización del material. En esta fase, todas las entrevistas se escucharon cerca de tres veces por todos los investigadores, de forma individual y luego de forma conjunta. El segundo fue la descripción analítica, donde el corpus, que es el campo en el que los investigadores deben fijar su atención, fue sometido a un estudio a fondo, orientado, en principio, por la cuestión de la investigación y revisión de la literatura. Este estudio en profundidad llevó a una discusión entre los investigadores, antes de la última etapa - la de categorización. El tercero, se refiere a los procedimientos, como la codificación, la clasificación y la categorización, que son básicos en esa instancia del trabajo, y la interpretación inferencial, fase que se inicia ya en la etapa del pre-análisis y es la reflexión apoyada en el material de información. En esta última etapa se utilizó como regla de enumeración o modo de contado de presencia (o ausencia) de las unidades de registros o de significado expuestos en la Tabla 1. En esta tabla, se muestran las categorías y las subcategorías teóricas utilizadas, que surgen de la literatura.

Tabla 1: Categorías y subcategorías teóricas del análisis

Categorías	Subcategorías teóricas	Autores
Inicio de las relaciones con el uso de CRM	Identificación de las necesidades de los clientes potenciales	Mithas et al. (2005), Gummeson (2004), Gordon (1999) y Handen (2001)
	Identificación de las necesidades de los clientes perdidos	Reinartz et al. (2004) y Gardesani y Silva (2005)
	Identificación de clientes potenciales	Mithas et al. (2005), Gummeson (2004), Gordon (1999), Greenberg (2001) y Handen (2001)
	Evaluación de clientes potenciales	Gordon (1999), Reinartz et al. (2004) y Greenberg (2001)
	Identificación de clientes perdidos	Reinartz et sl. (2004) y Gardesani y Silva (2005)
	Evaluación de clientes perdidos	Reinartz et sl. (2004) y Gardesani y Silva (2005)
	Bases para segmentación de mercado	Gordon (1999) y Zineldin (2006)

	Identificación de costes para restablecer una relación con un cliente perdido	Reinartz et al. (2004) y Gordon (1999)
	Gestión de indicaciones de nuevos clientes a partir de los clientes actuales	Reinartz et al. (2004)
	Definición de la oferta	Mithas et al. (2005), Gummeson (2004), Gordon (1999) y Handen (2001)
Mantenimiento de las relaciones con el uso de CRM	Evaluación de clientes actuales	Gordon (1999), Gummesson (2002), Greenberg (2001), Jayachandran (2005) y Zineldin (2006)
	Histórico y utilización del conocimiento de interacciones pasadas	Mithas et al. (2005), Gummesson (2002), Gardesani y Silva (2005) y Dyer y Liebrenz-Himes (2006)
	Identificación de las necesidades de clientes actuales	Jayachandran (2005), Belitardo (2000), Sena (2003), Gardesani y Silva (2005) y Dyer y Liebrenz-Himes (2006)
	Conocimiento de los clientes actuales	Mithas et al. (2005), Gummesson (2002), Gardesani y Silva (2005), Jayachandran (2005) y Dyer y Liebrenz-Himes (2006)
	Integración del sistema con todos los puntos de contacto con el cliente	Gummesson (2002) y Greenberg (2001)

	Ofertas personalizadas para clientes actuales	Mithas et al. (2005), Gardesani y Silva (2005), Gordon (1999), Jayachandran (2005) y Dyer y Liebrenz-Himes (2006)
	Venta-cruzada (*cross-selling*)	Reinartz et al. (2004), Handen (2001) y Gardesani e Silva (2005)
	Venda de produtos superiores (*up-selling*)	Reinartz et al. (2004), Handen (2001) y Gardesani e Silva (2005)
	Indicadores satisfacción de clientes actuales	Reinartz et al. (2004) y Belitardo (2000)
	Campañas específicas para clientes en fase de deserción	Reinartz et al. (2004) y Gordon (1999)
	Identificación de los principales motivos de deserción	Reinartz et al. (2004), Belitardo (2000) y Gardesani y Silva (2005)
	Identificación de clientes en fase de deserción	Reinartz et al. (2004), Belitardo (2000) y Gardesani y Silva (2005)
Finalización de relaciones con el uso de CRM	Identificación de clientes improductivos o de menor valor	Gordon (1999), Gummesson (2002), Greenberg (2001), Jayachandran (2005) y Zineldin (2006)
	Identificación de los principales motivos de deserción	Reinartz et al. (2004)
	Definición de ofertas de bajo valor	Reinartz et al. (2004)
	Detección de fraudes y defectos	Gordon (1999) y Reinartz et al. (2004)

El Banco A es una institución financiera nacional e internamente usa el sistema CRM con el nombre de Gestión de la Relación con los Clientes - GRC, nomenclatura que se utilizará durante el análisis para una mejor comprensión de las declaraciones de los entrevistados. El sistema fue implementado con el fin de proporcionar a la institución de instrumentos capaces de identificar al cliente, su potencial de consumo, sus necesidades y sus expectativas, haciendo uso de la información sistematizada que pueda dirigir los esfuerzos de venta y servicio. El objetivo principal es la construcción, a lo largo del tiempo, de una base de clientes leales y rentables para la organización.

El GRC fue diseñado internamente dentro del banco e integra toda la información disponible acerca de los clientes en los diferentes puntos de contacto. En cuanto a su importancia en el desarrollo de las relaciones con el cliente, el Entrevistado 1 cree que el sistema de ayuda en la definición de estrategias volcadas al cliente por la acumulación de información sobre el mismo. Ya, el Entrevistado 2 añade que el sistema dice "[…] la cantidad de productos que un cliente en particular tiene. El hecho de que él no tenga un producto del segmento del que es parte, favorece que sea hecha la ampliación de la relación ofreciendo este producto".

Por último, el Entrevistado 3 hace la siguiente declaración, destacando cómo la compañía volcó su cultura para los clientes y fue capaz de ofrecerle un mejor servicio: "La importancia es enorme, así como el cambio de cultura. Anteriormente, la gente no tenía esta visión de trabajar el cliente en la forma de estrechar y fortalecer la relación con él. Los productos estaban allí, el foco estaba más en el producto que en el cliente, entonces el GRC llegó para un cambio de cultura necesario, el mercado está trabajando de esa manera y si la gente no hiciera eso seguro se quedaría al margen [...] Además, creo que el cliente se siente bien atendido por el banco, tratado de una manera especial".

En cuanto a la participación del sistema de GRC del banco en la iniciación de las relaciones comerciales, se observó, a través de los tres entrevistados, que es inexistente. Vale la pena señalar que el concepto de clientes potenciales utilizados en este caso no abarca sólo la capacidad financiera para adquirir productos y las necesidades que deben cumplirse por ellos, sino también que estos clientes no tuvieran ningún producto activo en el banco.

Según el Entrevistado 2, la iniciación de la relación en la actividad bancaria siempre es difícil, sobre todo porque, a diferencia de otras actividades para las que se dispone de datos en el mercado, la banca no tiene ese permiso, ya que los datos de los competidores están sujetos al secreto bancario y no se pueden pasar. El mencionado banco lleva a cabo la identificación de clientes potenciales a través del potencial de nichos de mercado, por eso se hace fuera del GRC, que también es funcional en la gestión de recomendaciones de clientes potenciales a partir de los actuales. Además, el sistema no realiza la evaluación, la segmentación y la evaluación de las necesidades de los clientes potenciales.

El GRC es capaz de identificar a los clientes perdidos, pero no se utiliza para tales fines, y la segmentación se realiza por el nivel de ingresos y el volumen de negocios que fueron depositados. Por lo tanto, el sistema no hace una evaluación del cliente, ya que no determina los de mayor valor. Según el Entrevistado 2, "Un cliente puede ser rico y con un buen volumen de negocios, pero eso no quiere decir que sea más rentable que otros, el sistema no dice eso". El mismo entrevistado añade que, debido a su poder de negociación, muchos clientes exigen tasas de aplicación que generan bajos rendimientos al banco; así, lo que el sistema termina haciendo es sólo una evaluación cualitativa del cliente por un tipo de comportamiento o expectativa de ganancias. Así, el GRC no dice el valor del cliente y no llama la atención sobre su abandono, según el Entrevistado 1, la actitud de restablecer una relación depende en gran medida del feeling o de la percepción de los empleados.

En cuanto al mantenimiento de las relaciones comerciales por el Banco A en el uso del sistema GRC, se tiene que el mencionado sistema tiene su punto más fuerte en esta etapa del ciclo de vida del cliente, debido a que el foco de la cultura de la empresa se encuentra en la fidelización del cliente, según lo declarado por los entrevistados. En cuando a la contribución del sistema a la retención de clientes actuales, el Entrevistado 1 enfatiza el conocimiento sobre el comportamiento y el potencial del cliente y la capacidad de ofrecer productos que puedan mantenerlo. El Entrevistado 2 hace la siguiente consideración: "Básicamente por el nivel de los productos consumidos, nos permite conocer al cliente y nos ayuda a ofrecer un producto que sea el más adecuado para el cliente. Además, por ejemplo, si tiene muchos productos, le da un nivel de liberación de tarifas y eso el sistema lo hace [...], porque sólo a través de la gestión de las relaciones con el cliente, se sabe lo que tiene, lo que hace, el hábito de consumo y uso. Otro ejemplo, es que el GRC proporciona el nivel de utilización de amortización anticipada de los créditos, que es un producto bancario destinado a las empresas, y por lo tanto, influye en la tasa de interés cuando la gente va a contratar de nuevo con él, así él es un cliente de menor riesgo ya que tiene un histórico y eso fomenta la retención.

A su vez, el Entrevistado 3 establece que el GRC "[...] te da la vida del cliente desde el inicio de la relación con la empresa, toda su vida dentro de la empresa: compras de productos, servicios ofertados, utilizados y así sucesivamente". Por lo tanto, indirectamente, los entrevistados dan un enfoque sobre la importancia del sistema GRC para la venta cruzada.

En cuanto a la importancia del GRC en la aplicación de recursos para mantener a los clientes, se puede decir que es limitada. Aunque indique el comportamiento del cliente, el sistema no es capaz de evaluarlos y la aplicación de recursos depende en gran medida de las políticas del banco. En algunos casos, sobre la base de los ingresos y el volumen de negocios se ofrecen mejores tasas, enviando talonarios de cheques a las residencias de los clientes, se ofrecen billetes de avión para ver las carreras de automóviles, entre otros. Los entrevistados creen que la filosofía del marketing relacional, cuando es implementada, presupone la satisfacción para el cliente, pero el sistema no tiene manera de medir o garantizar esto. El Banco A acostumbra a hacer encuestas de satisfacción entre los clientes en varios segmentos, pero de esta manera, se busca conocer el promedio de satisfacción del cliente en cada segmento - es decir, uno que representara todo el segmento. Esta encuesta de satisfacción también se hace fuera del sistema.

En el caso de la comunicación con el cliente actual, el GRC tiene un conjunto de herramientas, que según el Entrevistado 3, facilitan esta actividad. Son herramientas que, entre otras cosas, indican el perfil del cliente, los productos ya comprados y ofrecidos, y que facilitan la gestión de la atención. En este último caso, se hace la programación de visitas y entrevistas con el cliente, y se muestra todo lo que se ha hecho en términos de asistencia. Además, el sistema es capaz de discriminar cuando se ofreció el servicio, independientemente de si fue aceptado o no por el cliente, como explica el Entrevistado 2: "No se comete el paso en falso de ofrecer al cliente lo mismo que la semana anterior no quiso". Además, en la definición de la oferta, el sistema dirige que producto es el adecuado a ser ofrecido para determinado cliente dentro de su segmento.

El sistema es capaz de proporcionar indicadores que sugieren que los clientes están en fase de deserción, pero no son exactas. Así es que la generación de un informe en la consulta de estado realizada por el empleado del banco informa que el cliente no hace movimiento espontáneo hace más de noventa días, pero la razón es desconocida. Además, el GRC no dice las razones de la deserción ni propone acciones a ser tomadas. Fortalecer una relación en esta etapa es una cuestión de actitud empresarial, de acuerdo con los tres entrevistados.

Como se dijo anteriormente, el sistema GRC tiene una fuerte presencia en la venta cruzada o cross selling, según el Entrevistado 2: "[...] ¡oh no! La venta cruzada es mi día a día [...]". Sin embargo, en el up-selling, que significa ofrecer al cliente un producto superior, esta participación es muy pequeña y depende en gran medida del feeling de la gestión. Obviamente, esto se debe a que una aplicación que genera una mayor rentabilidad para el cliente por lo general significa una menor rentabilidad para el banco - a menos que el cambio sea del tipo gana-gana, es decir, genere mayor rentabilidad para los socios, lo que implica reciprocidad, conforme establecen los principios del marketing relacional.

Se observa que el contexto de los servicios de banca ofrece una realidad muy diferente de la que implica, por ejemplo, los bienes de consumo, donde la venta de productos de calidad superior implica, necesariamente, agregación - es decir, la venta de otro producto no implica la pérdida de la venta anterior - ya en el caso del banco ella se trata de un reemplazo o sustitución.

Por último, en lo relativo a la finalización de las relaciones comerciales a partir del sistema de GRC, está claro que su participación es prácticamente nula. El sistema, como se mencionó anteriormente, no puede evaluar un cliente y por lo tanto no puede identificar con eficacia aquellos que pueden ser clasificados como no-rentables. Sin embargo, por la puntuación de la conducta, que se utiliza en la actividad de segmentación dentro del banco, el da una estimación de aquellos clientes que no merecen ser tratados e invertidos. Es importante destacar que, según lo declarado por el Entrevistado 2: "La actividad bancaria está sujeta a una legislación específica, por lo que no puedo simplemente por cuenta de la baja rentabilidad sugerida para un cliente terminar una relación. Por ejemplo, para un cliente muy molesto [...] tengo que tener un procedimiento para llamarlo, para informarle, dar un plazo, decir que dentro de 30 días su cuenta será cerrada, etc. Sobre todo, si el cliente tiene un saldo en la cuenta, yo no me puedo apropiar del mismo. Tengo que llamarlo para que lo retire [...] por si solo eso ya es un elemento disuasorio [...] regularmente.

Por lo tanto, lo que el banco hace es dejar de ofrecer algunos beneficios para minimizar los costes y hacer la relación viable, ya que no es posible terminar fácilmente una relación. Es de destacar que no hay actitud como la de definir y ofrecer al cliente, con o sin la ayuda del GRC, un producto de bajo valor para poner fin a la relación con él. Sin embargo, esto no excluye la posibilidad de verificar esta subcategoría como impactante en otros tipos de organizaciones. Si la detección de clientes morosos se hace, a su vez la participación en la detección de fraudes es relativa, pues el GRC no dice directamente que en particular un cliente es fraudulento: él da indicios o sospechas de que ese cliente podría estar desempeñando este tipo de comportamiento. Por ejemplo, "Una persona tiene un ahorro y recibe dinero de varias partes del país y en el mismo día que lo recibe él saca todo el dinero del banco en menos de 24 horas" (Entrevistado 2). En los casos de incumplimiento y fraude, la relación se termina por el banco. La Tabla 2 muestra un resumen de los principales resultados encontrados.

Tabla 2: Subcategorías teóricas etapas más importantes en la evolución de la relación

Inicio de la relación	Mantenimiento de la relación	Finalización de la relación
Inexistente	Conocimiento de clientes actuales	Detección de fraudes e incumplimientos
	Ofertas personalizadas para clientes actuales	
	Identificación de las necesidades de clientes actuales	
	Histórico y utilización de conocimientos de interacciones pasadas	
	Integración del	

	sistema con todos los puntos de contacto con el cliente	
	Venta de produtos superiores (*up-selling*)	
	Venta-cruzada (*cross-selling*)	

CONSIDERACIONES FINALES

En cuanto al objetivo específico de entender cómo los sistemas de CRM favorecen la evaluación de los clientes actuales y potenciales de los proveedores de servicios de banca, se observó en el caso investigado, que esto no se hace de manera efectiva, ya que está la imposibilidad de determinar el valor real de un cliente. Lo que hay, tan solo, es un índice de expectativa de ganancias, con base en los ingresos y en el volumen de negocios, que se utiliza para segmentar los clientes existentes y no tiene aplicación para la prospección. Esta deficiencia tiende a debilitar la gestión de la relación con el cliente a lo largo de su ciclo de vida, pues no se sabe el valor del cliente lo que hace que este no reciba la atención necesaria ante su rentabilidad real, lo que refleja un posible error en la inversión por parte de la organización.

Es importante destacar que el marketing relacional asume que la relación comercial es beneficiosa para las partes y que, en ese punto, el cliente, como una unidad, por lo general tiene que evaluar la organización como su socio en los diversos beneficios relacionales que recibe y del conocimiento de los competidores. Después de todo, el cliente busca satisfacer sus necesidades y espera que el pago por sus inversiones realizadas para esta relación sea al menos cercano a lo que él ofrece. A cambio, la organización debe conocer la inversión que este cliente es capaz de hacer y lo que realmente lleva a cabo, de manera que, en este sentido, pueda haber reciprocidad. Es por eso que la sub-dimensión de la relación caracterizada como evaluación del cliente es el primer paso necesario para el proceso de CRM, según señalan los teóricos.

El otro objetivo específico de esta investigación - un análisis en el contexto bancario con el fin de verificar que el uso de los sistemas de CRM se asocia con un mejor conocimiento del cliente y de las interacciones anteriores - lleva a la conclusión de que el sistema del Banco A es capaz de registrar los perfiles, los comportamientos y las interacciones con los clientes registrados. De esta forma, se encontró información variada como los ingresos, el volumen de negocios, los productos adquiridos y usados, planificación y visitas anteriores y entrevistas. El sistema es capaz de integrar todos los puntos de contacto con el cliente. Sin embargo, toda la información proporcionada por él se adquiere mediante la búsqueda y la obtención de productos por los clientes en el banco, lo que implica la falta de conocimiento de los clientes potenciales.

En conclusión, acerca del propósito general de este caso - analizar cómo las aplicaciones de sistemas de CRM afectan a la iniciación, mantenimiento y finalización de las relaciones comerciales en un proveedor de servicios bancarios - se puede decir que el sistema de CRM utilizado por el banco estudiado se presta, básicamente, para la retención de clientes, ya que se implantó con la filosofía de enfocarse en la fidelización. Este paso se produce principalmente por la actividad de cross-selling y también incluye el histórico y el uso del conocimiento de las interacciones pasadas, la identificación de las necesidades actuales de los clientes, el conocimiento de los clientes actuales, la integración del sistema con todos los puntos de contacto con el cliente y las ofertas personalizadas a los clientes actuales.

En la fase de finalización de las relaciones, la implicación era débil, debido a dos razones. La principal era la política del banco de insistir en el mantenimiento de las relaciones con los clientes no rentables. La otra razón fueron las dificultades que rodean el proceso de finalización de la relación, eficaces sólo en caso de incumplimiento y fraude, que se identifican con la ayuda secundaria del sistema CRM. A su vez, en la fase de iniciación, la aplicación era totalmente inexistente, ya que, como se ha dicho, toda la información del cliente se adquiere a través de interacciones anteriores. Por otra parte, a pesar de tener información sobre la pérdida de clientes, el sistema no se utiliza para cualquier propósito en relación con la recuperación de clientes. Esto depende en gran medida de la actitud gerencial.

Además, se presentan algunas implicaciones gerenciales. La primera es que propone tres visiones, no excluyentes, sobre el CRM: proceso, sistema y estrategia, como base para una mejor comprensión y aplicación del concepto. La segunda es que discrimina y orienta sobre un conjunto de sub-dimensiones - o actividades - que impregnan el proceso de CRM, dentro de cada etapa del ciclo de vida del cliente, para ser manejadas con el uso de la herramienta. La tercera es que muestra que la eficacia de la herramienta no es independiente de la cultura corporativa y de los procesos implementados. Por lo tanto, la simple implementación del CRM no determina su éxito o una rentabilidad futura para la empresa.

Los resultados de este estudio interesan a las empresas para una mejor comprensión y uso de la herramienta de CRM dentro del proceso de gestión de la relación con sus clientes y a la comunidad académica, ofreciendo nuevos descubrimientos acerca de las aplicaciones de CRM en las diferentes etapas de una relación, así como directrices para futuras investigaciones.

Es importante destacar que esta investigación trató, de manera exploratoria, de analizar las aplicaciones de los sistemas de CRM en las diferentes etapas del ciclo de vida del cliente. Por su naturaleza cualitativa, los resultados no conducen a una conclusión definitiva, pero ofrecen una mejor comprensión del problema. Esto significa que sus resultados no pueden ser generalizados.

GESTIÓN DE LAS RELACIONES CON LOS CLIENTES

El Customer Relationship Management (CRM) configura una aplicación tecnológica orientada por la filosofía del Marketing Relacional. Promueve interactuar con los consumidores de mayor valor. A través de un estudio comparativo, basado en indicadores cualitativos, intentaremos dibujar aquí una relación entre la teoría y las prácticas de CRM. Se identificó en dos organizaciones de alta tecnología que, aunque los indicadores eran adecuados con las prácticas empresariales, su utilización y comprensión son guiadas por la naturaleza de los negocios y características de las empresas. Conceptualizar CRM como algo más que un sistema de software, una filosofía de empresa que utiliza la tecnología de la información (TI) como herramienta para promocionar relaciones más próximas a los deseos de los consumidores, es una realidad. Los resultados muestran que la estructura de tecnología, las herramientas de recogida y análisis de los datos y herramientas interactivas de ventas, favorecen el CRM. En las empresas de tecnología, la automatización de la fuerza de ventas se presenta como una herramienta de apoyo decisivo para el CRM. Los indicadores tecnológicos propuestos residen en cuatro grupos: Tecnología de la Información; Herramientas de información, donde se encuentran las bases de datos y el almacenamiento de datos depurados; Minería de datos; y finalmente, Automatización de la fuerza de ventas.

INTRODUCCIÓN

En traducción libre, se puede conceptualizar Customer Relationship Management (CRM) como Gestión de las Relaciones con los Clientes. Se trata de un enfoque de gestión orientado a la identificación, la atracción y retención de clientes. Aboga por el aumento de las transacciones con los clientes de mayor valor, es decir, una orientación de marketing enfocada en mantener el valor. Asimismo, se entiende como la automatización y mejora de los procesos de negocio, asociados a la gestión de las relaciones con los clientes. Dependiendo de la dirección de búsqueda, puede ser una disciplina tanto del marketing como del área tecnológica. Para Dwyer, Schurr y Oh, por ejemplo, CRM es la extensión de las relaciones de intercambio que contribuyen a la diferenciación de productos y servicios, lo que puede proporcionar una ventaja competitiva. El objetivo de este tipo de aplicación se centra en programas de relacionamiento para ofrecer un alto nivel de satisfacción al cliente, mayor que el proporcionado por la competencia. En este sentido, "CRM es una estrategia de negocio; no sólo un simple software". Day menciona ser de gran importancia el mantenimiento de una base de clientes leales. Estos clientes representan una fuente de beneficios para la empresa.

Wilson, Daniel y McDonald presentan el CRM como un conjunto de procesos y tecnologías de apoyo a la planificación, ejecución y seguimiento de los consumidores, los distribuidores y las influencias de interacción en los canales de marketing. Destacando este criterio estratégico en primera instancia, Ragins y Greco alertan de la necesidad de construir una inteligente aplicación de tecnología como una manera de conseguir la efectividad de las prácticas de CRM. Winer eleva como un primer paso hacia una solución integral, la construcción de una base de datos de clientes ajustada a la organización. Iniciativas tecnológicas de CRM, dicen Croteau y Li, están basadas en sistemas de soporte de decisiones y fuentes de información integradas. Necesariamente, deben proporcionar una completa visión individual del cliente y de sus necesidades específicas.

Definida la esencia de lo que es CRM, su cara tecnológica se presentará a través de temas centrales, que constituyen los indicadores cualitativos utilizados en la parte empírica del estudio. Finalmente, la discusión de los resultados encontrados en la comparación entre empresas y consideraciones finales.

El objetivo de esta investigación es proporcionar una clasificación apropiada para los análisis comparativos entre aplicaciones que adoptan CRM. Para consolidar este objetivo, los indicadores tecnológicos serán generados y luego investigados empíricamente, siendo estos orientadores la Tecnología de la Información; las Herramientas de Información (bases de datos y de almacenamiento de datos); el proceso de Minería de Datos; y la etapa de la Automatización de la Fuerza de Ventas.

CONSTRUCCIÓN CONCEPTUAL DE LOS INDICADORES TECNOLÓGICOS DE CRM

Los indicadores tecnológicos de CRM construidos se dividen en cuatro bloques conceptuales para el análisis empírico posterior. El primero destaca la visión global de la utilización de la tecnología de la información (TI). En la segunda caracterización, titulada Herramientas de información, se incorporó la recogida y almacenamiento de los datos de clientes, que abarca la base de datos (BD), Data Warehouse (DW) y respectivas definiciones.

Específico a los procesos de Minería de datos, representado por la aplicación de la herramienta de Data Mining (DM), fue diseñado el penúltimo indicador. Por último, el aspecto tecnológico de las ventas, en relación con el sistema de Sales Force Automation (SFA), que en este estudio se refiere específicamente al proceso de conversión de las ventas tradicionales en ventas electrónicas o automatizadas. Como primera elaboración conceptual, el indicador TI.

TECNOLOGÍA DE LA INFORMACIÓN

La Tecnología de la Información (TI) es el concepto general que incorpora tecnologías utilizadas para crear, almacenar, intercambiar y utilizar la información en sus diversos formatos. Desde la perspectiva de marketing, dice Shoemaker, la TI es "el sistema nervioso que evoluciona las formas de organización de marketing". En CRM, la TI responde a los requisitos de informática del sistema, representados por el software y el hardware. Pedron postula que la estrategia de CRM está estrechamente relacionada con el avance de la TI y, por medio de esta herramienta, es posible conseguir la lealtad de los clientes. Resaltan Nogueira, Mazzon y Land que TI y sus respectivas automatizaciones "permiten la oferta de versiones individualizadas de productos y servicios para satisfacer al cliente a un precio asequible".

Bretzke advierte sobre la necesidad de en el momento de la definición y adopción del componente de software, guiar esta elección en relación con la naturaleza y el modelo relacional que la empresa pretende establecer con los clientes. Brown complementa afirmando que una "solución de CRM exige la adopción de nuevas tecnologías para lograr la transparencia y la visibilidad de la cadena de valor de los negocios y entre los negocios y sus clientes". Boon, Corbitt y Parker concluyen que la infraestructura de TI se describe generalmente como un conjunto de servicios, incluyendo la gestión de la comunicación, estandarización de gestión, seguridad, educación de TI, gestión de los servicios y aplicaciones, gestión y administración de datos, y la investigación y desarrollo de las TI.

Para Hansotia, la TI es "el elemento facilitador en la ejecución de la estrategia de CRM". Srivastava et al. corroboran y complementan diciendo que la maduración simultánea de TI de administración de datos, tales como Data Warehousing y análisis tecnológico como Data Mining, pueden crear el ambiente ideal para hacer del CRM un esfuerzo sistemático. Kellen propone que "el software de CRM es en realidad un conjunto de aplicaciones para la gestión de datos sobre los clientes", donde "los canales habilitados de TI como Internet, permiten el diálogo one-to-one con los clientes actuales y potenciales, mediante negociación individual".

Finalizamos con Campbell, que indica que las empresas usuarias de TI la adoptaron "dirigida al uso de CRM en busca de bases de datos necesarias para la evaluación del status y de la rentabilidad de sus clientes". Estas bases de datos se refieren a los datos de los clientes, que pueden ser utilizados en bases de datos tradicionales o almacenes consolidados de datos como son las aplicaciones de Data Warehouse. La característica de estas herramientas se solidifica en la capacidad de generación de informaciones a través de los datos contenidos en el sistema, o incluso informaciones proporcionadas en tiempo casi real. Destacando estas herramientas de TI, como próxima etapa del fundamento teórico será presentado el indicador global de las herramientas de información.

HERRAMIENTAS DE INFORMACIÓN

Con finalidad analítica, las herramientas de información serán conceptualizadas destacando tres grupos principales. Respectivamente, serán: Base de datos (BD), en la condición de instrumento transaccional; los datos de los clientes, que permiten la inteligencia de la empresa en cuanto a los clientes, y; Data Warehouse (DW) en la función de almacenamiento de los datos ya consolidados como una especie de memoria de las transacciones de la compañía.

Una base de datos (BD) se entiende como un conjunto de datos ordenados y estructurados, que pueden ser utilizados. En este caso, de la empresa en transacción con clientes. Define la BD, Peppers y Rogers Group, como cualquier conjunto de información. Puede ser cualquier cosa, desde una simple lista de compras a un complejo conjunto de información de clientes. Apuntan Nogueira, Mazzon y Terra que "una buena gestión de los datos es esencial para la práctica del CRM". Es un tipo de proceso que nunca termina y que también está en constante evolución. Los clientes realizan transacciones a lo largo del tiempo y estas interacciones se registran y actualizan en la base de datos sistemáticamente. Pedron menciona, que la BD se utiliza en el análisis del comportamiento de los clientes y se realizan los procedimientos de verificación y clasificación en segmentos de mercado y del individuo en su grupo respectivo.

Missi, Alshawi e Irani mencionan que la calidad de los datos y de las herramientas de integración en la BD están diseñados para un funcionamiento interactivo y gestión de grandes volúmenes de distribución. Tales informaciones están desestructuradas y en diferentes taxonomías, permitiendo así combinaciones, diferentes acuerdos, bien como relatos con base en informaciones de diferentes fuentes. Esto puede proporcionar al operador CRM una visión unificada de la información. Según Dowling, el CRM dirigido por la base de datos presenta mejoras significativas en la identificación de los clientes rentables y alerta a la organización de los no rentables. Para Pedron, la estructuración de la BD, presenta cuatro grupos principales. Se refieren a los clientes actuales, clientes potenciales, clientes olvidados o perdidos y distribuidores o intermediarios (que proporcionan informaciones indirectas útiles con respecto a la preferencia de los consumidores). En estos subgrupos de la BD deben estar contenidas informaciones actualizadas de los clientes para que sean utilizadas en las iniciativas de CRM.

En cuanto a los Datos de los Clientes, en CRM es importante que estos sean fiables, así como actualizados y disponibles en tiempo hábil para su uso. El usuario de la solución de CRM, para realizar adecuadamente las acciones de marketing y ventas, necesita de datos fidedignos de los clientes. Para Nogueira, Mazzon y Terra es importante la eliminación de los problemas que puedan alcanzar la base de datos de CRM, como la redundancia y la duplicación, por ejemplo. Es importante la atención a estos aspectos, ya que la gestión de datos en CRM debe ser una base sólida en el uso de nuevas técnicas para el análisis de datos. Capturar y registrar las respuestas dadas por los consumidores son las partes más críticas en el proceso de identificación y recopilación de datos pertinentes y fiables, ya sea con respecto a los clientes consolidados o prospects.

Para que los datos obtenidos sean de valor para la empresa, Pedron establece que el valor del proceso de las comunicaciones de marketing radica en el hecho de que es naturalmente circular, es decir, se recogen los datos de los clientes, se analizan y se almacenan. Con cada nueva interacción, los datos necesitan ser actualizados inmediatamente en la base de datos. Así, es posible conocer el resultado de las acciones de marketing y ajustar los demás planes con base en las respuestas de los clientes en tiempo hábil para que otros empleados de la empresa también puedan comprender al cliente con base en sus registros históricos de interacciones y transacciones con la empresa.

Según Bolton y Steffens, la capacidad de las organizaciones que emplean CRM para entender las preferencias y la privacidad de los clientes a lo largo de las transacciones, guía campañas y procesos a la centralización, planes de marketing, gestión de los datos de clientes y minimiza el riesgo de no saber el perfil de los clientes existentes o deseados. Según McKim, los datos ayudan en el descubrimiento de lo que se necesita para una comunicación efectiva con el cliente. CRM en este sentido significa una acción de marketing de tipo hight-touch y no sólo una acción de high-tech. El propósito de la utilización de los datos de clientes se centra en un mejor servicio y no sólo en la aplicación tecnológica. El uso de los datos presentes en la base de datos del cliente está directamente relacionado con la toma de decisiones estratégicas. Para Bretzke la estrategia de CRM es la posibilidad para una empresa de estar orientada a los clientes, proceso conducido por el uso de los datos de los clientes existentes, a través de la estructura de TI, permitiendo el logro de una ventaja competitiva sostenible. Como destaca Hansotia, el "CRM es esencialmente un esfuerzo intensivo con los datos de los clientes".

Missi, Alshawi e Irani dicen que "la esencia del sistema de CRM implica entender, controlar y optimizar los negocios y la gestión de los datos", y Campbell, de que los datos de los clientes sean utilizados de forma adecuada.

Ellos necesitan ser convertidos en informaciones, y estas integradas a los procesos de negocio. Hecho esto, se debe desarrollar el conocimiento del cliente. Los procesos internos de la empresa generan e integran las informaciones específicas del cliente, las cuales proporcionan a las empresas las condiciones ideales para el desarrollo de estrategias específicas de relacionamiento. Shoemaker dice que las interacciones entre clientes y transacciones en proceso proporcionan una gran cantidad de datos e información que deben ser transformadas en conocimiento del cliente. Los softwares de conocimiento de clientes ofrecen herramientas disponibles para los actores de marketing gestionar el proceso de la transformación de datos en conocimiento y así desarrollar la clasificación adecuada de los clientes.

Según Boon, Corbitt y Parker, los datos utilizados en la segmentación de clientes pueden incluir una serie de datos, por ejemplo, preferencias de compra y hábitos, ingresos, educación, status y tamaño de la familia, entre una serie de posibilidades en la disposición de datos. Wilson, Daniel y McDonald relatan que la segmentación puede ser vista como la simplificación del complejo desorden de tratar con un gran número de clientes individuales, cada uno con necesidades y deseos específicos y de diferente valor potencial. En otras palabras, la "segmentación de clientes es la división de la población total de los clientes en grupos más pequeños, llamados segmentos de clientes". Las empresas tienen que ser selectivas para correlacionar e integrar los datos en los programas y esfuerzo de marketing, mediante la realización de una construcción de informaciones adecuadas de clientes, desarrollando así programas de marketing individuales.

Por último, la elaboración conceptual de las herramientas informativas, Data Warehouse (DW), responsable de la provisión de información confiable para apoyar el proceso de toma de decisiones. La diferencia fundamental del DW para una BD es que en la BD los datos son concurrentes, es decir, en constante proceso de cambio. Ya en el DW, son almacenados datos consolidados, por lo general en representación de los ejercicios anuales u otros ciclos terminados.

Nogueira, Mazzon y Terra conceptualizan Data Warehouse como "el nombre genérico para la infra estructura de almacenamiento online de datos", que es utilizado en el almacenamiento de informaciones sobre clientes, tales como transacciones, llamadas telefónicas, compras, facturas, entre otras. Existe sincronía del DW con las bases de datos transaccionales, aunque los datos no se modifican directamente en el DW. Un aspecto importante es la necesidad de que los datos se transformen en informaciones, ya que son fundamentales para las prácticas de CRM. Data Warehouse es importante debido a su funcionalidad de almacenamiento de la información en una sola ubicación central, que se utiliza en la posterior construcción de la imagen del cliente. Es una herramienta que busca el mapeo y la comprensión del cliente, en la condición de centralizadora de la información, vinculado a los canales y a los departamentos de la organización, en especial puntos de contacto con los clientes, en el caso de las relaciones de ventas.

Data Warehouse tiene su razón de ser debido a la percepción de la necesidad de integrar los datos corporativos en un solo lugar de modo que sean accesibles a todos los usuarios que participan en los niveles de toma de decisiones de la empresa. Según Pedron, esta sistemática proporciona a la organización condiciones de saber quiénes son los clientes, sus preferencias, posibilidades de abandono con relación a la empresa, así como la capacidad de la empresa para satisfacer las necesidades y perfiles de las otras preferencias de estos clientes. El conocimiento del cliente, dice Swift, establece el almacenamiento de informaciones históricas en detalle y centradas en el cliente, lo que permite a la empresa ser ágil y sensible al mercado, lo que permite tomar decisiones de marketing sólidas, como la determinación de los puntos importantes que requieren asignación de recursos.

Para Brown, Data Warehouse consiste en un factor clave y permisivo a la personalización y la creación del entorno de marketing one-to-one, a través del cual es posible que la compañía aumente considerablemente la satisfacción de los clientes. Srivastava et al. dicen que la construcción del Data Warehouse es un paso esencial al CRM analítico y las fuentes de datos están diseñadas para su uso operacional. Day y Bulte argumentan que el CRM depende de la calidad y el desempeño organizacional en la extracción y en la gestión compartida de la información, que, convertidas en conocimiento, se pueden utilizar en la atención de los consumidores. La conversión de las fuentes de datos en informaciones parte de los procesos analíticos realizados por la empresa, como es el caso de la 'Minería de Datos'.

DATA MINING

Minería de datos o Data Mining (DM), es responsable de analizar la información en una base de datos, mediante el uso de herramientas que buscan tendencias o anomalías sin el conocimiento previo del significado de los datos. Es un proceso fundamental en las estrategias de CRM, especialmente en el comercio electrónico. Data Mining es en definitiva el proceso de extracción y vinculación de informaciones pertinentes, donde pueden ser mapeados los modelos de comportamiento de los clientes.

Nogueira, Mazzon y Terra dicen que DM es "un proceso para extraer y presentar un nuevo conocimiento, antes no detectable, seleccionado a partir de las bases de datos para la toma de las decisiones de acción". Angelo y Giangrande dicen que puede ser definido como una extracción de datos, cuando ejecutado en la base de datos, se obtienen informaciones útiles y no conocidas. Bretzke describe DM como una herramienta para identificar a los clientes más rentables o segmentos de clientes más importantes para la empresa. Las principales ventajas son la posibilidad de orientar con su uso el desarrollo de productos para los clientes; acortar la distancia del consumidor final; ofrecer productos y servicios con precios competitivos y; agregar valor adicional a los clientes a través de la segmentación y análisis de las diferentes clases de clientes.

La minería de datos establece una necesidad analítica. Su enfoque principal está volcado al conocimiento innovador, anteriormente inexistente o no disponible, utilizado con el fin de predecir el futuro y automatizar el análisis de los conjuntos de datos. Para Paas y Kuijlen, DM es "particularmente crucial para transformar los datos transaccionales almacenados en insights sobre las necesidades de los clientes".

Bolton y Steffens afirman que es necesario saber que datos de clientes capturados por la empresa están disponibles en los puntos de interacción entre la empresa y el cliente, lo que es necesario para proporcionar el tipo de tratamiento y servicio personalizado. Fletcher señala que, en los sistemas de CRM, "las empresas recopilan y utilizan la información del cliente", con el fin de aumentar los márgenes de beneficio. Existe una relación directa entre el análisis de datos y el proceso de venta. Teniendo esta prerrogativa en evidencia, la etapa teórica termina con la automatización de ventas.

LA AUTOMATIZACIÓN DE VENTAS

La definición propuesta por Peppers y Rogers Group, la Automatización de Ventas o Sales Force Automation (SFA), se refiere al software para automatizar la fuerza de los vendedores, incluyendo los procesos de gestión de contactos, la previsión, gestión de ventas y las ventas en grupo. Hansotia menciona que el foco principal del CRM en carácter operativo se concentra en la plataforma tecnológica de soporte a las interacciones con el cliente y la automatización de ventas. Dice Shoemaker que la mayoría de los proveedores de software de CRM tienen raíces en SFA. Se entiende en este contexto que el CRM está diseñado para aumentar las ventas y la funcionalidad de la gestión de los negocios. Las principales funciones del CRM dirigidas a la fuerza de ventas son la administración de contactos, localización de las cuentas, administración de las cuentas, entrada de pedidos, generación de propuestas, presentación complementaria, soporte técnico y proceso de ventas.

Uno de los principales trabajos sobre SFA, Speier y Venkatesh menciona que "las tecnologías de automatización de la fuerza de ventas están siendo cada vez más utilizadas en apoyo de las estrategias de CRM" y que sus herramientas se aplican a menudo para facilitar los procesos CRM, con raíces en la filosofía del Marketing Relacional. Por medio de la mejora de la velocidad y calidad del flujo de información entre los vendedores, los clientes y la empresa, las herramientas de SFA apoyan los procesos de negocio. Las herramientas para SFA varían en complejidad y grado para cada integración, relevando en cada caso la infraestructura organizacional y de TI existente.

Para Speier y Venkatesh, algunas características organizacionales pueden tener una influencia significativa en la implementación de TI, en consecuencia, impactando en la aceptación de la SFA. Según muestran los estudios generales, el personal de ventas responde bastante positivamente a las herramientas de SFA inmediatamente después del entrenamiento. Sin embargo, esta respuesta inicial se vuelve negativa después de períodos de uso de la herramienta más largos. Los procedimientos de calificación y capacitación, intensos en los principios de la adopción y abandonados más tarde pueden justificar esta pérdida de adhesión de los empleados a las ventas automatizadas. En opinión de Speier y Venkatesh, "las empresas deben evaluar de forma proactiva cómo las herramientas de SFA cambian el papel de los vendedores e identifican las capacidades de estos vendedores que son más apropiadas". Incluso por referencia de los autores, los vendedores pueden acreditar que su papel está amenazado porque los administradores tendrán acceso a las mismas informaciones de los clientes, lo que favorece el control. Las organizaciones deben ser conscientes de estas percepciones para tomar decisiones de carácter tecnológico para evitar diferencias entre los mandos medios y los vendedores.

Las herramientas de SFA pueden generar conflictos excesivos con el personal de ventas. Estos conflictos resultan en costes organizacionales importantes, posibles pérdidas económicas y de los empleados de mayor valor. Si los directivos responsables entienden y controlan el potencial de este conflicto, y lo gestionan adecuadamente, las empresas pueden tener mejores posibilidades de tener éxito mediante el uso de las alternativas de SFA.

Para Peppers & Rogers Group, el término automatización de la fuerza de ventas se ha utilizado ampliamente pero no hay consolidación definitiva de lo que constituye esta terminología. En este libro, la SFA se entiende como los procesos tecnológicos que están directamente asociados con los procesos de ventas, donde antes había personas en funciones mecanizadas a día de hoy. Los requisitos de la aplicación de estas herramientas tienen que evolucionar a partir de los procesos de venta existentes de la empresa. Cuando es adecuado, la SFA reduce la duración de los ciclos de los procesos relacionados con el cliente, la pérdida y mejora de las relaciones con los clientes, con vista a los principios de CRM. El vendedor no pierde importancia en el proceso transaccional y debe entender el sistema como gestor de las rutinas de funcionamiento de ventas. En este contexto, el vendedor se centra directamente en la interacción con el cliente, sobre todo cuando los procedimientos burocráticos de la venta son complejos.

Al utilizar el sistema de SFA, el vendedor puede atender al cliente de manera personalizada, con más calidad, teniendo acceso a la historia de la relación entre la empresa y el cliente. Según indica Anderson, en muchos contextos de marketing, el rol del vendedor es evaluar las necesidades del cliente, dirigir al mismo al producto o servicio adecuado, y luego negociar con él. Shoemaker dice que en muchas empresas "la fuerza de ventas es la base de las interacciones con los clientes". La integración de la tecnología con cada punto de contacto existente entre la empresa y el cliente fortalece la capacidad de la fuerza de ventas en el desarrollo de relaciones adecuadas con los clientes y proporciona respuestas más rápidas a sus demandas. Para Speier y Venkatesh, el personal de ventas es la principal fuente de intercambio de información en la relación entre el cliente y el vendedor y, por lo tanto, tiene una importancia crítica en la formación y la sostenibilidad de las relaciones con los clientes. Shoemaker afirma que el personal de ventas, crea conexiones con los clientes y entiende la importancia de preservar estas relaciones.

METODOLOGÍA DE LA INVESTIGACIÓN

En este caso se utilizó un enfoque cualitativo que se llevó a cabo de una manera comparativa, muy cerca de lo que constituye el concepto de un caso de estudio. La atención se centra en el análisis del CRM en dos empresas de alta tecnología, que por criterios de preservación de sus nombres serán tratados por Empresa-1 y Empresa-2 La primera ópera en el segmento de la industria de la tecnología digital, centrada en productos de software y de hardware. Es una empresa multinacional, líder en el mercado de TI. Fue investigada una de las unidades de desarrollo de software. La otra empresa es líder nacional en su segmento, operando en los mercados de medios de comunicación y entretenimiento. La unidad de negocio investigada fue la matriz.

Se buscó en los preceptos de Yin la referencia a la conducción y la preparación del instrumento para la recolección y análisis de los resultados obtenidos en el campo de estudio. Zaltman dice que la metodología de la investigación requiere atención para el entorno y el tipo de fenómenos comunes, así como recomienda el apoyo de la literatura. Teniendo en cuenta los preceptos del autor, la primera etapa del estudio fue el desarrollo del marco teórico utilizado como referencia para la etapa de análisis de los datos obtenidos. Recomiendan Bruggen, Lilien y Kacker que se especifiquen los participantes y el procedimiento de recogida y análisis de sus contribuciones. Teniendo en cuenta estos preceptos, fueron identificados los ejecutivos gestores de CRM como informantes adecuados para el suministro de información de interés.

Aunque los resultados se consolidan por compañía, se entrevistó a tres personas en la construcción de los resultados de la Empresa-1 y a dos en la Empresa-2, seleccionados por criterios de indicación y de mérito. Para Boyd y Westfall, "la mayor parte de la información utilizada en la comercialización se obtiene a través de entrevistas", lo que también se observó. Se adoptó la técnica de entrevistas semi-estructuradas, con preguntas preparadas de acuerdo con elementos extraídos de la teoría. Las cinco entrevistas duraron aproximadamente una hora y se transcribieron relevando la labor de Bardin, en el análisis de contenido. Zaltman considera que "el lenguaje verbal juega un papel importante en la representación, almacenamiento y comunicación del pensamiento", por lo que la falta de datos secundarios relevantes al estudio no restringió la posibilidad de análisis y elaboración de resultados que representan casos específicos de las organizaciones comparadas.

En cuanto al proceso de validación del guión de las entrevistas, Malhotra dice que es una alternativa adecuada para ampliar la credibilidad de los resultados. Después de pequeños ajustes en las cuestiones, el guión fue aprobado. Las entrevistas fueron hechas por el investigador directamente a los entrevistados. Con el consentimiento de los entrevistados fueron registradas en su totalidad desde la lectura de las instrucciones hasta el cierre de las observaciones mencionadas por los entrevistados al final de la entrevista formal. Es importante destacar que la ponderación final del entrevistador fue pedir a los entrevistados que expresaran y proporcionaran información adicional más allá de la ya mencionada en el transcurso de la entrevista. Esta solicitud de cierre era pertinente, ya que todos los encuestados cooperaron en detallar sus explicaciones sobre los indicadores utilizados.

Los resultados fueron concebidos a través de la comparación entre empresas, orientados por el soporte teórico. El paralelo entre empresas y teoría establece una técnica de análisis nomológico, que para Bunn es "el último paso en el desarrollo de medidas". Se trata de concebir cuestiones con base en estudios teóricos y empíricos, y usar las directrices teóricas para el procesamiento de los resultados. Presentados los procedimientos de investigación, especialmente los procesos de análisis nomológico y del análisis de contenido se llegaron a los resultados analizados a continuación.

Entre las preguntas utilizadas en la realización de entrevistas, se destacan las siguientes: Cuando se habla de CRM desde un punto de vista tecnológico, ¿qué variables involucradas en el proceso son importantes? ¿Qué tecnologías se adoptan antes de las transacciones con los clientes? ¿Cómo la empresa encara y conceptualiza la Tecnología de la Información (TI) en términos de prestación de soluciones de CRM? ¿Hay parámetros que miden la interacción? ¿Cómo una base de datos, en la visión de la empresa, puede ser utilizada para obtener diferentes composiciones de información de los clientes? ¿La base de datos desarrollada está alineada con la perspectiva y otros aspectos estratégicos de la organización que la utiliza? ¿Cómo manejar Data Warehouse en proyectos de CRM de la empresa? ¿Este conjunto de informaciones estructuradas se puede utilizar en la toma fiable de decisiones? ¿La estructura de almacenamiento desarrollada cumple con los requisitos de este concepto, que compete para el almacenamiento y la entrega en tiempo adecuado de la información para la toma de decisiones? ¿La extracción y cruce de la información se produce a través del proceso de Data Mining? ¿Cuan importante es en el desarrollo de la aplicación proporcionada por la empresa y cómo este proyecto es percibido en las acciones de CRM? ¿Cómo acredita la empresa que es esta misma visión desde el punto de vista del cliente-usuario? ¿A través de las soluciones aportadas puede realizar el cruce de diferentes datos y trazar estimaciones? ¿La empresa proporciona asistencia para la automatización de la fuerza de ventas? ¿Cómo es desempeñado este proceso en las soluciones ofrecidas/adquiridas? ¿Cómo responde la fuerza de ventas del cliente-usuario ante la aplicación? ¿En este proceso se produce un aumento de la calidad y la integración entre la empresa y el cliente?

DISCUSIÓN DE LOS RESULTADOS

En cuanto al indicador de la tecnología de la información, la teoría incorpora todo lo que se utiliza para crear, almacenar, intercambiar y utilizar la información en sus diferentes formas, pudiendo ser software o hardware. En CRM, la tecnología de la información está relacionada con los aspectos de soporte al Marketing Relacional, teniendo como punto central la interacción personalizada con los clientes. La tecnología de la información por la amplitud tecnológica del CRM.

En la Empresa-1, fue referenciado como primer paso en las aplicaciones de TI para clientes, satisfacer adecuadamente sus necesidades. No dejaron de ser referenciados elementos técnicos, por ejemplo, el lenguaje de programación, los recursos tecnológicos deseados por el cliente, la capacidad y los costes de implantación y mantenimiento del sistema de CRM. Se mide la tecnología en la organización por el grado de adecuación de la solución aportada para dar servicio a los deseos del cliente. Específicamente en relación con las vivencias de TI y soluciones de CRM, los elementos del sistema de CRM están orientados al software y no al equipo. Cualquier retorno de información del cliente, sea cual sea el grado de importancia, es responsabilidad de la administración y requiere acción. En palabras de uno de los entrevistados, este enfoque es claro: "Si el cliente no está satisfecho, aunque no esté de acuerdo, estoy obligado a tomar medidas". Se constató que el software es adecuado para el negocio, y no al revés, además de ser más orientado a los procesos de venta de tecnología. Hay aspectos técnicos que maximizan la operatividad del sistema. El software de CRM se desarrolló sobre la demanda, teniendo referencia en las reglas de negocio y las necesidades de la empresa.

En el panorama de la Empresa-2 se mencionó que una solución de CRM requiere una estructura lo suficientemente robusta como para proporcionar servicios adecuados a los clientes. El sistema de CRM, como en la Empresa-1, fue completamente desarrollado, y en cuanto a la posibilidad de utilizar herramientas disponibles en el mercado, los entrevistados informaron que fue una alternativa analizada que se mostró insuficiente. El sistema desarrollado resultó en una ventaja competitiva para la Empresa-2 frente a sus competidores directos. No hay medida cuantificada de los resultados de TI utilizada, sólo percepciones de mejoras. El sistema de CRM de la organización fue diseñado con el fin de crear oportunidades para los clientes de un diferencial que los competidores no puedan borrar o copiar.

Las herramientas de información se distribuyen en tres conceptos relacionados. Respectivamente, Base de datos, los Datos de Clientes y Data Warehouse. La base de datos es esencial en la segmentación del mercado, para que la organización pueda llevar a cabo acciones de marketing por diferentes combinaciones en los datos de los clientes. Todavía, la buena gestión de datos es esencial para que una iniciativa de CRM sea alcanzada. Para Campbell, los datos de clientes deben transformarse en información y esta utilizada en CRM. Por lo tanto, la calidad de los datos es fundamental, siendo prohibitivas redundancias y duplicidades. Data Warehouse es la infraestructura utilizada en el almacenamiento de datos e información detallada de los clientes. Nada más es un repositorio único, depurado, consolidado y consistente, responsable de proporcionar información fiable.

Se entiende en la Empresa-1, que una aplicación de BD es la comprensión más cercana de los individuos que trabajan con software y respectivamente programación. La visión de la empresa con relación a la BD entiende la herramienta como una aplicación utilizada en el almacenamiento de datos comerciales. Según los entrevistados, la BD está alineada con las estrategias de la empresa. Los históricos completos contenidos en la base de datos se pueden utilizar. Es posible comprobar los clientes con más propuestas de compra, volumen de transacciones por cliente, cuales son los más rentables, etc. El sistema de CRM se utiliza en las relaciones de ventas. Entienden los entrevistados que la solución de BD podría utilizarse más plenamente que en la actualidad. En cuanto a la agrupación de datos y actualización en tiempo real, la respuesta fue positiva. Los datos introducidos en el sistema permanecen almacenados, siendo las únicas alteraciones las referidas a las transacciones actuales. No hay ningún cambio en los datos de la transacción anterior. La reagrupación de los datos proporciona un uso completo e inmediato de las historias de los clientes. El DW para un entrevistado caracteriza "el motor del negocio" por contener información consolidada sobre las transacciones comerciales y la interacción con los clientes. Este módulo de TI proporciona información gráfica, que se utiliza para apoyar la toma de decisiones y la preparación de acciones de CRM.

La Empresa-2 incorpora en su BD aspectos operacionales, elaboraciones de las entregas de suministros y otras necesidades, además de los datos de los clientes de compras, datos de inversión, demandas y posibilidades de relación. La principal composición de datos (la más utilizada), es el histórico de clientes. A través de este se pueden construir acciones de CRM de acuerdo con los requisitos de la filosofía relacional. En cuanto a los datos, se presentan pequeñas inconsistencias. Existe la categorización de datos de clientes por diferentes criterios, por ejemplo, los ingresos y asiduidad. Los datos obtenidos se convierten en informaciones (utilizadas en CRM), diferenciando y segmentando clientes. La aplicación de DW existe, aunque no se entiende cómo la teoría presentada.

Se evidenció en la Empresa-2 la no utilización de los conceptos y términos técnicos generalmente entregados por académicos y profesionales de TI. La aplicación permite la toma de decisiones de forma fiable y en tiempo hábil.

La minería de datos es una práctica dirigida a la atención de los clientes deseados en las campañas de marketing. Es una acción analítica. La define Peppers & Rogers Group como la práctica que permite el análisis de datos agrupados en bases de datos. Se utiliza la información recopilada para satisfacer mejor las necesidades de los clientes y permite la identificación del perfil de los clientes potenciales. En resumen, es una herramienta que permite identificar a los clientes o segmentos de clientes de interés para la organización.

Los miembros de la Empresa-1 mencionan que las bases de datos existentes en la empresa están habilitadas a las prácticas de minería de datos. Lo esencial, que es la concentración de datos consolidados, es parte de lo cotidiano del sistema de información de la empresa. Los empleados entrevistados entienden la minería de datos como una alternativa importante que permite la calificación de los servicios prestados ante los clientes. Sin embargo, entienden que una completa minería de datos requiere más de lo que el sistema actual puede ofrecer. Los clientes existentes se analizan correctamente, sin embargo, la aplicación de minería de datos en la prospección de clientes potenciales es una práctica que no se utiliza hoy en día.

En el caso de la Empresa-2, las mismas percepciones sobre el uso de la minería de datos se expresaron. Pero a diferencia de la otra organización, la minería de datos en la Empresa-2 se utiliza no sólo en el análisis de los clientes existentes, siendo una práctica en la búsqueda de nuevos clientes. Como hizo referencia uno de los entrevistados, prácticas de minería se utilizan en la identificación de los clientes objetivo, los targets. Pero, en las palabras del gestor, queda evidente el entendimiento limitado de las operaciones "es una práctica común pero no lo sé detallar".

Una definición importante de la Automatización de Ventas es presentada por Speier y Venkatesh, que la relaciona como una acción de ventas con base en TI alineada a los preceptos del Marketing Relacional, puestos en práctica a través de la aplicación de las estrategias de CRM. Se trata de una plataforma tecnológica de interacción y de ventas a los clientes. Speier y Venkatesh dicen que SFA puede crear conflictos con la fuerza de ventas. Aunque la TI de SFA no sea utilizada plenamente en las empresas investigadas, los conflictos mencionados en la teoría no fueron detectados en la conducción de la investigación.

El sistema de ventas SFA de la Empresa-1, en palabras de uno de los gerentes entrevistados, confirma que "la venta es automatizada", lo que no deja ninguna duda de la existencia del uso de SFA. Los empleados ven esta aplicación como un beneficio, y a pesar de los cambios de postura, reciben comisión de venta, lo que tal vez explica que no haya ninguna resistencia por parte de los empleados. El sistema, como se espera, ofrece un servicio rápido y eficiente, generando resultados positivos para la organización. Los vendedores fueron divididos en acciones más importantes y relacionales en las ventas, dejando el aspecto burocrático al sistema automatizado. En esta empresa, la herramienta de SFA es una aplicación con base en la web, y los vendedores que trabajan en cuestiones interactivas y en apoyo. Esta aplicación de SFA aumentó la calidad de los servicios prestados a los clientes, siendo percibida como "una herramienta que mejora el trabajo" utilizada en las prácticas de CRM operacional.

El SFA de la Empresa-2 está relacionado con el aspecto relacional del sistema, así como la otra organización se centraba solamente en las ventas. A pesar de la interfaz electrónica, también los procesos transaccionales de la empresa, como los contactos de la negociación, son más intensos en relación al resultado de la otra organización estudiada. Se entiende el SFA como un canal de relación abierto, que se utiliza en acciones de CRM. Después de la adopción del sistema de SFA, la comunicación con los clientes de la organización fue mejorada y ampliada, así como las informaciones generales del negocio comenzaron a fluir mejor y de manera organizada. La posibilidad de acceder a los datos en diferentes puntos de contacto con los clientes fue una de las mejoras más destacadas durante las entrevistas, lo que resultaba en la deseada expansión de la calidad operacional y de la atención al cliente. Automatizar el proceso de ventas favoreció el CRM de la empresa. En el caso de la Empresa-2, la interactividad con los clientes resulta mucho más de lo que se percibe en la Empresa-1, que ha delegado la mayor parte de las relaciones al soporte.

Presentando los resultados distribuidos por indicadores, respectivamente trayendo la síntesis conceptual y los casos de las Empresas 1 y 2, se entiende como esencial el resumen de los resultados y las implicaciones de las diferencias detectadas.

Como último paso de esta investigación, tenemos las consideraciones finales, desarrolladas en base a los resultados hasta el momento presentados.

CONSIDERACIONES FINALES

En las empresas investigadas, en análisis global, los indicadores construidos se mostraron relevantes en sus respectivas aplicaciones de CRM. La comprensión de la tecnología de la información de las empresas corrobora la teoría, aunque hay diferencias en los contextos analizados. Se esperaba que las TI fueran identificas en ambos casos, debido a que es un requisito esencial para todos los tipos de tecnología de la información, lo que también ocurre en el CRM. En el caso de la Empresa-1, la TI está dirigida a satisfacer las necesidades de los clientes. Más allá del aspecto utilitario, se observaron preceptos técnicos en la construcción del CRM. La medición de la eficacia del CRM, a pesar de no ser puestos a disposición los indicadores, se basa en la adecuación del sistema a la atención de los clientes. Acciones correctivas o para identificar la insatisfacción del cliente es una práctica habitual. El foco central del sistema de CRM se centra en las ventas.

Al igual que en el primer caso, la Empresa-2 también trabaja con un CRM desarrollado y no con paquetes de software que se ofrecen en el mercado. El CRM se identifica como adecuado para el elemento estructural de la empresa y como en el primer caso, hay una venta con soporte tecnológico. A diferencia de la Empresa-1, la Empresa-2 identificó explícitamente ventaja competitiva y atribuyó al CRM el diferencial prestado a los clientes. Curiosamente, en el caso 2, no hay medida cuantificada, solamente se registraron las percepciones de mejora.

Los datos, sin tener en cuenta los tipos de soluciones que se utilizan, son la esencia en la generación de información y posterior inteligencia, en la atención especializada a los clientes. En el caso 1, las herramientas de datos se asignan al personal técnico, lo que sorprende ya que las expectativas teóricas consisten en el uso en todos los puntos de contacto con el cliente. En la Empresa-2, la orientación está más cerca de lo que predican las teorías de CRM. En ambas, los históricos del cliente se utilizan en las prácticas de relacionamiento, en particular con respecto a los procesos de ventas y acciones marketing. En la Empresa-2, la nomenclatura de las operaciones con datos no se corresponde con las características técnicas, lo que implica eventuales malentendidos. Ambas empresas atribuyen al Data Warehouse una importancia en la toma de decisiones, entendiendo que esta herramienta permite la fiabilidad de los datos.

El acto de la minería de datos es ampliamente reconocido en carácter analítico de CRM. Además de ser utilizada la minería de datos en el entendimiento y eliminación de las necesidades de los clientes y en las prácticas de segmentación, se pueden utilizar en los análisis posteriores, tales como la identificación del perfil de los clientes potenciales.

En la situación 1, los datos existentes son suficientes para la minería, sin embargo, los sistemas para esta práctica no son compatibles con prospecciones predictivas. Se realizan análisis en los datos de los clientes existentes pero la prospección de clientes potenciales no es una práctica común.

Por otro lado, en la Empresa-2, se llevan a cabo predicciones, a pesar de que los entrevistados no logran explicar cómo se producen estos procesos. Para el CRM analítico, el trabajo con los datos de predicción es tan importante como el análisis de los datos existentes. Las empresas que utilizan ambas posibilidades tienen ventaja analítica y tecnológica ante las que hacen utilización parcial o no trabajan con el análisis de datos. Los datos no analizados difícilmente proporcionan información pertinente.

Concluyendo el análisis, la automatización de la fuerza de ventas, requiere la alineación con las filosofías de marketing relacional para que se produzca un CRM eficaz. En teoría, la fuerza de ventas puede verse afectada negativamente por este tipo de tecnología, pero el estudio proporciona subsidios para la conclusión de que no es automatizar, sino saber automatizar correctamente lo que causa conflictos con los empleados. La Empresa-1 usa ventas automatizadas y una de las formas encontradas para evitar conflictos fue trabajar con comisiones de venta, proporcionadas con base en el apoyo y soporte de los vendedores en las funciones de relación, y no en las operaciones de negocios triviales. En este caso, la automatización es una solución operacional de cuestiones burocráticas.

En el segundo escenario, la Empresa-2 atiende mejor a los principios relacionales en los sistemas. También se identificó una interacción más intensa con los clientes, donde la automatización de ventas es más que un soporte operativo, es un fuerte canal para acciones de CRM.

Como evidencia la Empresa 2, la interactividad con los clientes a través de las tecnologías disponibles hace un sistema de CRM superior a los demás. Cuanto más potente, adecuado a los negocios y exploradas las tecnologías en la comprensión y la predicción de los clientes actuales y potenciales, mejores serán los resultados de las iniciativas de relación basadas en CRM. La tecnología alineada al negocio es la combinación ideal en CRM analítico.

DATOS DE CLIENTES EN EL CRM

Para que las acciones de Customer Relationship Management (CRM) sean eficaces, no es suficiente con el desarrollo de tecnologías innovadoras. Es necesario que estas herramientas sean alimentadas con datos relevantes. Además, de que sean correctos y lo más completos posible. Se requiere la fidelidad de los datos del cliente, para que las acciones de marketing relacional a través de soluciones de CRM sean las adecuadas. Hemos dividido este capítulo en dos partes. En la primera se desarrolló el panorama teórico. En la siguiente, se realizaron los análisis empíricos a través del caso de estudio sobre la relación entre las empresas usuarias y los desarrolladores de CRM. Al igual que en el caso tratado en el capítulo anterior, se realizaron entrevistas semiestructuradas con los directores responsables de las respectivas empresas, con las que se obtuvieron subsidios que apoyan la importancia del uso adecuado de los datos de los clientes, así como la importancia de la comprensión y la comunicación entre las empresas durante el desarrollo de una herramienta de CRM. Más de una referencia técnica, el desarrollo de perfiles de clientes en base a los datos recogidos por la empresa, permite acciones de relaciones más próximas a los deseos de los clientes y acciones de marketing adecuadamente dirigidas al segmento de mercado objetivo.

INTRODUCCIÓN

Como menciona el artículo clásico de Dwyer, Schurr y Oh el alcance de las relaciones de intercambio contribuye a la diferenciación de los productos y servicios de la empresa, proporcionado las barreras a las sustituciones que en muchos casos pueden resultar en una ventaja competitiva. Desde esta perspectiva, se encuentra que el marketing, como un compuesto de conocimientos, se concibe por la comprensión de los puntos de relación entre los proveedores de servicios y los clientes. La retención de clientes, entonces, tiene una serie de ventajas tales como los bajos esfuerzos para los clientes que regresan y los efectos positivos sobre los resultados financieros y la creación de los conocidos devotos a la organización, que positivamente la divulgan. Se entiende que el cliente ya conquistado y que realmente añade valor a la organización, debe ser el centro de la excelencia en el servicio, ya que mantener un cliente es ciertamente más barato que la prospección de nuevos clientes. Los esfuerzos de marketing en retención son significativamente más eficaces que la identificación de nuevos segmentos de clientes a ser conquistados.

Para Verhoef, "las empresas pueden utilizar las mismas estrategias tanto para la retención de clientes como para el desarrollo de su segmentación", lo que ofrece la adopción de un concepto que incorpora todos estos aspectos en el trato con los clientes. Este es el propósito de este estudio, que trae el CRM como una extensión de Marketing Relacional con soporte tecnológico. Dice Winer que "el servicio al cliente necesita recibir el estatus de alta prioridad en el entorno de la organización". Esta es la esencia del CRM, compuesto por una compleja relación entre el marketing y la tecnología, teniendo en mente el trato adecuado con los clientes, especialmente aquellos que generan un mayor valor a la empresa.

El primer concepto a ser explorado es el marketing relacional.

El Marketing Relacional para Berry es relativo a la atracción, el mantenimiento y la mejora de las relaciones con los clientes. El foco en la relación con los clientes se debe a que "la elevación de la orientación para el cliente desemboca en programas de marketing más significativos". Sólo las organizaciones que construyen relaciones fuertes y positivas con los clientes tienen el potencial de generar algún tipo ventaja competitiva sostenible permitiendo a la compañía superar a la competencia.

Mantener una base de clientes rentables y leales es la base del Marketing Relacional y no es nada más que un conjunto de prácticas de marketing "para que los clientes continúen como clientes". Las acciones de CRM son compatibles con la filosofía del Marketing Relacional y, según Sheth y Parvatiyar, se ocupan de la comprensión de los clientes, sobre todo acerca de sus comportamientos y deseos de compra. Rowe y Barnes argumentan que existe una ventaja competitiva cuando la organización explora estrategias que crean valor para los clientes, no desarrolladas por los competidores o los competidores potenciales, y que el cliente entiende cómo una relación de intercambio justo. Cuando la empresa trabaja para escuchar y responder a las demandas de los clientes y para interactuar más de cerca, compartiendo información, la tendencia es que la empresa ofrezca productos y servicios también más significativos por programas igualmente significativos. Estos preceptos relacionales son la base formativa del CRM.

Customer Relationship Management (CRM) es la "gestión de las relaciones con los clientes". Se define como un enfoque de gestión orientado a la identificación, la atracción y retención de clientes. El objetivo es una mayor rentabilidad para la empresa mediante acciones de identificación y aumento en las transacciones con los clientes de mayor valor, en las que estos se dan cuenta de que hay justicia interaccional en las relaciones. El CRM se centra en la automatización y mejora de los procesos de negocio asociados a la gestión de las relaciones con los clientes en ventas, servicio y soporte. En este sentido, Lin y Su definen CRM como "la clave de la competencia estratégica necesaria para mantener el foco en las necesidades de los clientes". Es una herramienta relacional.

Wilson, Daniel y McDonald lo presentan como un conjunto de procesos y tecnologías que apoyan la planificación, ejecución y seguimiento de los consumidores. Para Dwyer, Schurr y Oh la extensión de las relaciones contribuye a la diferenciación de productos y servicios.

Es destacado por Berry que se requieren buenos servicios para que se produzca la retención de clientes. Como presenta Winer, el objetivo general de los programas de relación es entregar satisfacción al cliente, superando a la competencia. Aún, Winer dice que "el servicio al cliente necesita recibir el estatus de alta prioridad en el entorno de la organización". Croteau y Li informan de que muchas organizaciones reconocen la importancia de centrar el negocio en la estrategia de orientación al cliente, lo que requiere la incorporación de la base de conocimiento de los mismos. O'Malley y Mitussis advierten que, en ausencia de la cultura centrada en Marketing Relacional, no se entienden los procesos de CRM. El uso de CRM no es una solución de cuño exclusivamente tecnológico, sino más bien relacional. El "CRM es una estrategia de negocio; no sólo un aparato de software".

Verhoef confirma que "el compromiso afectivo es un antecedente de la retención de clientes y del desarrollo de la segmentación", ilustrando el enfoque en los clientes. Estratégicamente, CRM puede vislumbrarse como la pretensión de obtener una ventaja competitiva a través de la conquista de los clientes. Para Rust et al., "una base de datos de clientes puede ser utilizada por la compañía para el desarrollo de modelos de secuencia de compras que permitan la identificación de que clientes son compradores de qué productos y cuando".

Así a lo largo de este texto trataremos de dar respuesta a la siguiente pregunta: ¿Cuál es la relevancia de la gestión de datos de los clientes en relación con la creación de soluciones de software entre una empresa de desarrollo y otra consumidora del sistema de CRM?

El objetivo del estudio es entender mejor cómo se desarrolla una solución de relación con los clientes en una relación Business-to-Business (B2B), a través de la implementación de un sistema de CRM, así que se llevó a cabo un análisis empírico cualitativo que captura la relación entre la compañía de desarrollo de CRM y su cliente y usuario de la solución.

Se presenta una discusión conceptual sobre el uso de los datos del cliente, seguida del método de investigación. En la etapa empírica, se analizaron dos empresas, 'Alpha', proveedora de soluciones de CRM, y 'Beta', usuaria del software desarrollado por la primera.

CARACTERIZACIÓN DE LOS DATOS DE LOS CLIENTES

El criterio principal sobre los datos del cliente es la fiabilidad, uno de los requisitos más importantes para que las acciones de relación sean factibles. Recuerdan Nogueira, Mazzon y Terra que es muy importante eliminar los problemas que podrían distorsionar el perfil y hábitos de los clientes, por ejemplo, trastornos tales como la redundancia y duplicidades. Pedron recuerda que los datos almacenados sobre los clientes de una organización pueden proporcionar ventajas, tales como la accesibilidad a los clientes, la medición de las operaciones realizadas y, sobre todo, la posibilidad de delimitar segmentos y clientes individuales para proporcionar la solución de negocios que mejor se adapta a sus necesidades, deseos y aspiraciones. La captura y registro de las respuestas dadas por los consumidores son fundamentales en la identificación y recolección de datos de los clientes y, también, en la exploración de clientes potenciales que aún no interactúan con la organización.

Para que los datos obtenidos en el contacto con los clientes sean de valor, Pedron afirma que "el valor real del proceso de las comunicaciones integradas de marketing reside en el hecho de que es naturalmente circular, en donde los datos del cliente son recogidos, analizados, almacenados y con cada interacción con el cliente, nuevamente actualizados".

Se deben revelar más de los supuestos antes mencionados, Nogueira, Mazzon y Terra, incorporando la atención a factores críticos como la seguridad, la garantía de la integridad y la privacidad. La combinación adecuada de estos elementos promueve el CRM de calidad. A los requisitos ya mencionados, Churchill y Peter añaden la cuestión ética que conforma el conjunto de principios y valores morales que abogan las conductas del individuo o grupo de individuos, y guía las actividades a los preceptos morales de una sociedad. Pedron señala la dificultad de mantener la privacidad de los datos debido a la facilidad con la que las tecnologías de información proporcionan recolección, procesamiento, transmisión y almacenamiento de datos, sobre todo cuando se unen tecnologías de comunicación e Internet.

Para su uso en el marketing, a través de la utilización de los sistemas de CRM, los datos de los clientes deben ser almacenados y restringidos a las bases de datos, con el consentimiento de los clientes, consciente del uso limitado de los mismos en la prestación de beneficios u ofertas específicas de la empresa con la que se relacionan. Este aspecto se ve reforzado cuando se analizan las prácticas de venta de bases de datos que muchas organizaciones llevan a cabo de manera no consentida, exponiendo a los clientes y delegando información no permitida a terceros.

Según Bolton y Steffens, la capacidad de la empresa para entender la privacidad y las preferencias de los clientes a lo largo de las transacciones realizadas guía las campañas y procesos de marketing. Bajo este punto de vista, dice McKim, los datos ayudan en el descubrimiento de lo que se necesita para una comunicación efectiva con el cliente. CRM es una iniciativa de marketing destinada a conectar con los clientes, desarrollada a través del soporte tecnológico que permite, incluso en las grandes corporaciones con grandes carteras de clientes, la proyección de campañas y ofertas consistentes a cada categoría o segmento almacenado. Para Bretzke, la estrategia de CRM permite a la empresa orientarse a los clientes a través de la utilización de los datos existentes en los sistemas de información, por lo que es posible obtener una ventaja competitiva sostenible. Existe la importancia de capturar datos de los clientes en todos los puntos de contacto de la empresa, por ejemplo, en sistemas de call center, presupuestos, ventas directas o por Web, etc. Los múltiples puntos de relación con el cliente favorecen la construcción de perfiles e históricos de clientes más próximos a la realidad con sus muchos contactos con la empresa. Estos datos, después de ser agrupados en bases de datos, deben analizarse en su totalidad, categorizados y dirigidos a los diversos puntos de contacto con los clientes, donde la información se utilizará para mejorar la interacción entre la empresa y el cliente. Hansotia señala que "CRM es esencialmente un esfuerzo intensivo con los datos del cliente".

En el centro del CRM está la habilidad organizacional de nivelar datos para diseñar e implementar estrategias centradas en los clientes. Missi, Alshawi y Irani corroboran con esta afirmación, ya que para ellos "la esencia del sistema de CRM implica entender, controlar y optimizar el negocio y la gestión de datos" de los clientes. Campbell dice que para que los datos del cliente sean utilizados correctamente se deben transformar en información de clientes y ser integrados en el proceso de marketing.

Los procesos de la empresa generan e integran la información específica del cliente, que proporcionan las condiciones para el uso de CRM. Shoemaker dice que las interacciones con el cliente son el punto de recogida y uso de datos e información, que deben sistemáticamente componer el conocimiento del cliente. Los softwares de conocimiento de clientes ofrecen herramientas tecnológicas para segmentarlos e interactuar con base en contactos previos, en los que se estipulan los comportamientos esperados y predicciones de negocio futuras.

La diferenciación de clientes es fundamental para las estrategias de CRM. Según Ferreira y Sganzerlla, la diferenciación y la categorización de los clientes representan las oportunidades de mayores ingresos para la empresa. La preferencia inmediata de las iniciativas de CRM está dirigida a los clientes de alto valor porque son ellos los que sostienen la actividad empresarial.

Boon, Corbitt y Parker, traen otra implicación en relación con los datos del cliente. Los autores argumentan la importancia de clasificar los datos por categoría, por ejemplo, valor del cliente, y también revelar otras características individuales como preferencias, hábitos, ingresos, educación, clase o grupo social, constitución de la familia, etc. Del mismo modo, Papatla, Zahedi y Zekic-Susac afirman que "el modelado del comportamiento y de las selecciones de los clientes son características comunes en muchas aplicaciones de data mining (en general) y en CRM (en particular)".

Se trata de la utilización imprescindible de los datos de los clientes para que un CRM alcance el objetivo de maximización de las transacciones, diferenciación de los clientes y obtención de los mejores rendimientos a cambio de servicios justos y que aumentan la satisfacción de los compradores. Wilson, Daniel y McDonald relatan que la segmentación puede ser vista como la simplificación de la cartera de clientes individuales, separándolos en grupos basados en similitudes y comportamientos. Según Srivastava et al., la "segmentación de clientes es la división de la población total de clientes en grupos más pequeños", usando criterios que los agrupan en diferentes perfiles. Parvatiyar y Sheth advierten que la empresa tiene que ser selectivo en la correlación e integrar la información de marketing a través de una selección y distribución de clientes adecuada, personalizando ofertas correctamente.

Sobre la base de la construcción teórica desarrollada, fueron definidos los criterios pertinentes para la investigación en las empresas. Se desarrolló el estudio sobre la relación entre dos empresas, caracterizando el tipo de negocio como una relación de Business-to-Business (B2B). Las preguntas desarrolladas fueron guiadas por los preceptos siguientes relevados sobre los datos de los clientes:

- Obligatoriedad de la fidelidad de los datos de clientes en acciones de CRM;
- Operaciones de CRM efectivas son relacionales y de información;
- La privacidad y ética con los datos de clientes es un compromiso indispensable;
- La calidad en los datos de clientes debe proporcionar la toma de decisiones.
- Los datos permiten, necesariamente, decisiones estratégicas en el CRM;
- Diferenciación y categorización de los clientes son prácticas esenciales.

Los principios que guiaron la etapa empírica del estudio son los seis citados arriba. A través de estos postulados, se analizaron las relaciones comerciales entre una empresa de desarrollo y una usuaria de CRM. Otros conceptos importantes se incluyen en esta caracterización de filosofía/herramienta de CRM, como las diferentes caras de aplicación. Básicamente, el CRM se puede subdividir en CRM Operacional y CRM Analítico. Según define Bampi, Eberle y Barcellos, el CRM operacional es la primera etapa en el diseño de un sistema de relación con los clientes. En esta etapa, la atención se centra en las relaciones, específicamente en la construcción de relaciones basadas en la eficiencia y eficacia operacional, este paso coincide con los procesos de implementación de algunas herramientas de contacto, por ejemplo, Call Center y Sales Force Automation. Con alcance mejorado, el CRM Analítico consiste en la búsqueda de un mayor conocimiento del cliente con el objetivo de análisis más refinados y la creación de campañas de relaciones para satisfacer a los consumidores de manera más próxima a sus intereses. Pueden ser vistos como pasos complementarios de un CRM.

Entre las otras herramientas de contacto con los clientes, destacan dos delante de los objetivos del estudio, centrado en los datos de clientes. La primera es el Call Center, que se define como una forma de contacto dinámico con los consumidores a través del uso del teléfono como una herramienta para la efectividad de las prácticas de marketing relacional, especialmente cuando son operacionalizadas con base en CRM.

La segunda, Sales Force Automation (SFA), o Automatización de la Fuerza de Ventas, para Brambilla, Sampaio y Perin consiste en herramientas tecnológicas utilizadas para ayudar al vendedor en algunas etapas del proceso de venta, centrándose en la relación por encima de la simple práctica comercial impersonal. Una iniciativa SFA proporciona que la organización, a través de sus vendedores, pueda "tener una mejor visión del cliente, teniendo en cuenta esta relación".

METODOLOGÍA DE LA CONDICIÓN DE LA INVESTIGACIÓN

Basándose en los criterios de observación, la definición metodológica se orientó a la utilización de técnicas de investigación cualitativa. El punto de corte para el análisis fue la relación entre las empresas Alfa (vendedora) y Beta (cliente), en una situación de desarrollo de CRM vista como la venta de un servicio co-producido o creación compartida de valor para el cliente.

Yin presenta como válida la búsqueda que objetiva la investigación de una realidad específica y conforme sus preceptos, un caso de estudio atiende al propósito de este trabajo. Clasificada como una investigación cualitativa en el formato de caso de estudio. También se entiende como exploratoria, que según Vieira "tiene como objetivo proporcionar al investigador una mayor familiaridad con el problema" de la investigación.

Básicamente tres técnicas se han adoptado en la realización de la recogida de datos para este estudio. Entrevistas semi-estructuradas, con base en los seis indicadores ya referenciados (fidelidad de los datos; relaciones basadas en la información; privacidad y ética con los datos del cliente; toma de decisiones; postura estratégica; diferenciación y categorización de los clientes). Para cada uno de estos elementos, se hicieron cinco entrevistas, con un total de treinta preguntas. Las entrevistas se administraron a dos grupos de interacción entre las empresas, formadas por cuatro empleados de cada empresa. El acceso al entorno de la organización se obtuvo sobre la base de investigaciones previas realizadas en estas empresas que accedieron a ser reelegidas para la investigación académica. A petición de las organizaciones, se omiten sus nombres. Ellas serán tratadas como Alfa y Beta. Ambas son grandes empresas, ubicadas en diferentes partes del país en el que se encuentran y se pueden clasificar como organizaciones adecuadas al uso de las tecnologías de información y comunicación. El desarrollador es una empresa que comercializa productos y servicios (multinacional) y la empresa Beta es una empresa tradicionalmente orienta a servicios. Además de las entrevistas, se utilizaron datos secundarios, en especial contratos, manuales y especificaciones internas de las empresas, que a pesar de que han contribuido al análisis de datos y en la elaboración de los resultados, no constan menciones explícitas de su contenido. Los documentos con información financiera de la asociación entre las empresas fueron vetados en este estudio y, por lo tanto, tampoco considerados en la preparación de los resultados dirigidos al análisis de los atributos técnicos, operacionales y relacionales. El último método fue la observación y comparación del investigador de documentos y entrevistas.

Para el análisis de los datos, se adoptó la comparación por indicadores haciendo hincapié en el discurso en ambas empresas sobre cuestiones relacionadas.

Se hicieron preguntas con el fin de analizar la consistencia de las versiones de las diferentes empresas para los mismos hechos. Se encontró que las pequeñas inconsistencias entre los encuestados no ponían en peligro la credibilidad de los resultados de la colaboración B2B. El instrumento de recogida de datos fue desarrollado con el apoyo teórico del uso de los datos de los clientes en las operaciones de CRM.

En la finalización de la fase de desarrollo de los resultados y en las conclusiones, se observaron los preceptos de Bardin y Yin. Básicamente, se agruparon los resultados de cada empresa y se compararon con la ayuda de la teoría. El análisis se basa en la comprensión de las similitudes y diferencias entre las empresas y entre las fuentes de prueba. Se presenta una discusión de los resultados y, posteriormente, las consideraciones finales del estudio.

RESULTADOS DEL ANALISIS ENTRE DESARROLLADOR Y USUARIO DE CRM

Para una mejor comprensión de la situación de las relaciones entre las empresas, se distribuirán los resultados en un primer momento integrados en la relación entre Alfa y Beta. Las preguntas utilizadas y el análisis fueron desarrollados con el fin de agrupar los testimonios de los entrevistados, detallando la relación entre compañías. En una segunda fase, se presentará la síntesis de Alfa, de la impresión de la empresa en cuanto a su relación con Beta, y posteriormente será revelada la impresión de Beta. El análisis fue diseñado sobre la base de los seis principios esbozados.

En cuanto a la fiabilidad de los datos de clientes, las opiniones generales de los encuestados mostraban, en ambas empresas, incertidumbre. Sin embargo, todas las pistas y respuestas ilustran que el posible margen de error no afecta negativamente en el ámbito de las aplicaciones de CRM. Como ventajas del sistema están la agrupación adecuada de los datos y la capacidad de actualizaciones en tiempo real. Uno de los entrevistados de Alpha informó sobre el CRM desarrollado que "este producto está diseñado para evitar la repetición o duplicidad".

En la empresa cliente Beta, uno de los gestores entiende que "la integridad de la base de datos es excepcional". La duplicación de datos es un problema descartado pero los problemas de inclusión y rellenado de datos del cliente, por depender del elemento humano, puede ser un punto operador de pequeñas discrepancias. Este análisis se basa en la percepción de las personas.

Para los criterios de las relaciones y de la información, se identificó que las transacciones corrientes se registran en bases de datos transaccionales sin que sean cambiados datos históricos consolidados. Informaciones ya agrupadas se almacenan en la herramienta Data Warehouse de Beta, lo que es esencial para el CRM analítico. La actualización sistemática en los datos transaccionales, por ejemplo, está alineada con lo que afirman las teorías de CRM. Los datos del cliente permiten la ilustración de la realidad del momento del cliente, lo que favorece las relaciones entre la empresa y el cliente. En este sentido, el análisis pone de manifiesto que los datos y el método de recolección y conversión en información permiten la práctica del CRM. Poco se ha identificado sobre la conducta ética en la relación entre la empresa desarrolladora y usuaria de CRM y el cliente final. Sin embargo, una posibilidad importante fue puesta de referencia. Todos los datos de los clientes de Beta, referentes a la relación transaccional, están al alcance de los clientes, ya sean históricos o especificaciones de servicio.

La calidad de los datos fue confirmada, lo que proporciona la base para la toma de decisiones. Como ya se mencionó, los datos históricos no cambian en las operaciones transaccionales, cumpliendo con los criterios técnicos del CRM. La composición de diferentes informaciones, atendiendo a los datos disponibles, promueve los caminos relacionales a ser realizados. La práctica de la minería en eses datos es otra evidencia de la efectividad en las prácticas de relacionamiento utilizadas por Beta y desplegadas a través de soluciones de la empresa Alpha.

La toma de decisiones estratégicas también fue identificada en esta relación entre las empresas y en el uso del sistema de CRM por Beta. Se entiende el CRM, en estas empresas, como el "corazón" de las prácticas relacionales con los clientes. La configuración y el análisis de los datos ya son, en esencia, acciones de características estratégicas. La generación de las informaciones necesarias para atender a los clientes con excelencia es una atribución de CRM. Los datos del cliente se invierten en información. Estas indican las evidencias de comportamiento, a su vez, convertidas en lo que se puede clasificar como el conocimiento del cliente.

De los criterios más relevantes en el uso de CRM se destacan la diferenciación y la categorización de clientes. Los datos se utilizan para estos fines. Las empresas entienden que la solución desarrollada es ideal y que las prácticas de la compañía que aplican el CRM también están de acuerdo con la teoría recomendada. Hay una gran diferenciación por categorías, o segmentos, que es una acción de marketing. Incluso se hacen subcategorías de clientes en Beta lo que, según la empresa entrevistada, es un requisito para el tipo de servicio que realizan.

RESULTADOS DE ALPHA

La desarrolladora prima en sus soluciones que las transacciones de negocio en realización sean lanzadas en bases de datos diferentes de aquel en que se almacenan los datos y la información histórica. En el panorama técnico, se desarrollan soluciones de bases de datos transaccionales y Data Warehouse, un almacén de datos consolidados. Los entrevistados indican que su solución es una herramienta de aplicación relacional.

Los datos de transacciones, diferentes de otros datos como la dirección y otras características que se pueden cambiar cuando sea necesario en las bases de datos de uso comercial, después de introducidos en el sistema pasan a ser rígidos. Estos datos están configurados de diferentes maneras para obtener diferentes tipos de información de acuerdo con las necesidades del momento. Esta capacidad analítica permite la operación de prácticas para la diferenciación de los clientes lo que sirve, por ejemplo, para definir categorías y modalidades de relaciones.

La solución es vista como una aplicación de CRM desarrollada para evitar redundancias y duplicidades, así como otros problemas asociados con la introducción de datos. Sin embargo, indican que, en muchas empresas, se utilizan tecnologías de diferentes desarrolladores y proveedores de software y hardware, lo que no permite la garantía de que en las migraciones y compartimiento de datos entre las tecnologías no produzcan problemas de calidad y fiabilidad de los datos, ya sea por errores o pérdidas.

Alfa es una empresa tecnológica que ofrece productos y servicios listos y también bajo demanda, en función de las necesidades de sus clientes. En el caso de los negocios con Beta, lo que la compañía ofrece está hecho a medida, atendiendo especificaciones de la empresa cliente. La aplicación de CRM en análisis cuenta con herramientas en línea e integradas, lo que permite que la alimentación del sistema se lleve a cabo en tiempo real. Uno de los usos del sistema de CRM investigado es la identificación de los clientes potenciales y el análisis predictivo.

RESULTADOS DE BETA

En la empresa cliente Beta, cuando se trata de control de fidelidad y exactitud de los datos, uno de los entrevistados menciona un pequeño margen de error en lo que la desarrolladora ofrece para su uso con los clientes finales, que no afecta a la calidad de las operaciones. No se identificó la razón de tal situación, sin embargo, los entrevistados reconocen que existe, aunque dentro de los límites de tolerancia.

Se confirmó la necesidad de categorizar los clientes en el negocio de la empresa Beta, que reconoce ser una práctica posible con el uso de las herramientas proporcionadas por Alpha y se realiza siguiendo lo que recomienda la literatura de CRM. Los criterios viables para la categorización de los clientes son diversos, tales como la rentabilidad, el volumen y la frecuencia de las compras. Se entiende que este tipo de clasificación de clientes es tradicional en CRM para estipular el perfil de las relaciones, las transacciones y de los propios clientes, sus gustos, deseos y posibilidades. La información histórica construida en la organización se estructura adecuadamente.

Beta convierte los datos en información, diferencia y segmenta clientes y lleva a cabo prácticas efectivas y analíticas de CRM. Los resultados ya discutidos, tanto en la relación entre las empresas y en su individualidad, tejen las consideraciones finales.

CONSIDERACIONES FINALES

La solución de CRM propuesta en la relación entre las empresas consiste en una herramienta desarrollada bajo demanda procedente de la empresa cliente, un factor que puede justificar la baja detección de problemas de adaptación. El servicio por la compañía cliente de CRM (medios/publicidad), aunque complejo es estable, temporalmente determinado, y, en virtud de sus disponibilidades predefinidas, fácil de gestionar para la venta. El componente de SFA, proporcionado en la relación inter organizacional, aunque no es central para los propósitos de esta investigación, se muestra otro facilitador para los procesos de pre-venta, venta y post-venta.

Fue encontrado en la relación entre las empresas y en la aplicación de la solución CRM desarrollada que la comprensión de la utilización adecuada de los datos en la relación con los clientes es entendida y practicada por los involucrados y los instrumentos investigados en este estudio (de acuerdo a la información obtenida a través de las entrevistas). La actualización de los datos transaccionales en tiempo real y la aplicación online, además de la utilización de un almacén de datos consolidados en este contexto y CRM, deja claro que el ambiente investigado es propicio para la realización de prácticas de Marketing Relacional. La alineación entre empresas permite que el CRM en pauta sea construido correctamente. Tales supuestos se basan en la observación.

En el entorno, los datos consultados mostraron cumplimiento con los criterios teóricos seleccionados para el análisis. Sin embargo, se detectó, aunque tenue, un margen de error hoy sin impacto en las acciones de CRM pero que señala la importancia de identificar y tratar de poner remedio a esta situación antes de que quede fuera de control y pueda poner en peligro la capacidad de acciones con datos de clientes.

Más importante y relevante fue identificar que la situación analizada se trata en si misma de un CRM y no un nombre empresarial o modismo o error de interpretación de lo que se hace. CRM consiste en la filosofía del Marketing Relacional alineada con la tecnología de la información adecuada para el contacto dinámico con los clientes, haciendo hincapié en las interacciones y los datos almacenados por la empresa a lo largo del tiempo. Estos datos en poder de las organizaciones son los que permiten, incluso a las grandes corporaciones, identificar clientes, segmentarlos y ofrecer soluciones acordes con sus expectativas y necesidades.

La calidad de los datos tiene un impacto directo en los resultados de los programas de CRM. Se entiende que el cliente, por ser el centro de la utilización de CRM es el informante más apropiado para evaluar la calidad y el efecto de los programas en desarrollo y en funcionamiento. CRM es una práctica de marketing orientada a los clientes y son ellos los personajes esenciales en las opiniones sobre la eficacia de estas campañas.

REFERENCIA BIBLIOGRÁFICA

BARDIN, L. Análisis de contenido.

BELITARDO, C. Modelo de CRM aplicado al soporte de tecnología de la información: caso de estudio.

BENDAPUDI, N.; BERRY, L.L. Customer's motivation for maintaining relationships with services providers. Journal of Retailing.

BRETZKE, M. Marketing de relaciones y competencia en tiempo real con el CRM.

BRETZKE, M. La importancia y aplicaciones de la database marketing integrado en las instituiciones financieras.

BRUYNE, P.; HERMAN, J.; SCHONTHEETE, M.D. Dinámica de la búsqueda en ciencias sociales.

DAVENPORT, T. H. et al. How do they know their customers so well? Sloan Management.

DYER, R. F.; LIEBRENZ-HIMES, M. Client attraction and retention in the design and building industry: client relationship management for professionals services firms.

FERRO, W.R. Contribución al estudio de la implantación de la gestión de las relaciones con el cliente en bases segmentadas en el estado São.

GARDESANI, R.; SILVA, A. A. F. Impactos del CRM en la relación de la empresa con los clientes.

GARTNER GROUP. CRM success is in strategy and implementation, not software.

GONÇALVES, C.A.; GOSLING, M. Relaciones en bases comerciales: la adaptación de escalas.

GORDON, I. Marketing de relaciones: estrategias, técnicas y tecnología para conquistar clientes y mantenerlos para siempre.

GRABNER-KRAEUTER, S.; MOEDRITSCHER, G. Alternative approaches toward measuring CRM performance. In: RESEARCH CONFERENCE ON RELATIONSHIP MARKETING AND CUSTOMER RELATIONSHIP MANAGEMENT.

GREENBERG, P. Customer relationship management en la velocidad de la luz: conquista y lealdad.

SALAZAR, Roberto Luis Alves. Patrones de Procedimientos para la Implantación de un CRM: Caso Jet Oil Distribuidora de Productos de Petróleo Ipiranga.

SHOEMAKER, Mary E. A Framework for Examining IT-Enabled Market Relationships.

SOUZA, Maricélia. Los Líderes y la Busca por el Alto Rendimiento de los Equipos.

SRIVASTAVA, Jaideep; WANG, Jau-Hwang; LIM, Ee-Peng; HWANG, San-Yih. A Case for Analytical Customer Relationship Management.

SRIVASTAVA, R. K.; SHERVANI, T. A.; FAHEY, L. Marketing, Business Processes, and Shareholder Value: An Organizationally Embedded View of Marketing Activities and the Discipline of Marketing.

STONE, Merlin; WOODCOCK, Neil; MACHTYNGER, Liz. Customer Relationship Marketing: Get to Know Your Customers and Win Loyalty.

SWIFT, Ronald. CRM – Customer Relationship Management: El Revolucionario Marketing de Relaciones con el Cliente.

VIEIRA, Valter Afonso. Las tipologías, variaciones y características de la búsqueda de marketing.

SHOEMAKER, M. E. A Framework for Examining IT-Enabled Market Relationships.

PEDRON, C. D. Variables determinantes en el proceso de implantación de CRM: estudio de casos múltiplos en empresas gaúchas.

NOGUEIRA, R.; MAZZON, J. A.; TERRA, A. M.. La gestión de CRM en las aseguradoras.

BRETZKE, M. Marketing de relaciones y competidores en tiempo real.

BROWN, S. A. CRM: Customer Relationship Management: una herramienta y estrategia para el Mundo del E-Business.

BOON, O.; CORBITT, B.; PARKER, C.. Conceptualising the Requirements of CRM from an Organisational Perspective: A Review of the Literature.

HANSOTIA, B.. Gearing up for CRM: Antecedents to Successful Implementation.

SRIVASTAVA, J.; WANG, J. H.; LIM, E. P.; HWANG, S. Y.. A Case for Analytical Customer Relationship Management.

KELLEN, V.. How to Do Customer Relationship Management without Spending Big Bucks.

CAMPBELL, A.J. Creating Customer Knowledge Competence: Managing Customer Relationship Management Programs Strategically.

MISSI, F.; ALSHAWI, S.; IRANI, Z.. The Way Forward to a Successful Customer Relationship Management.

DOWLING, G.. Customer Relationship Management: In B2C Markets, Often Less is More.

BENDAPUDI, N.; LEONE, R. P. Psychological Implications of Customer Participation in Co-Production.

BERRY, L. L. Relationship Marketing of Services: Perspectives from 1983 and 2000.

BOLTON, Karen; STEFFENS, Jeffery. Analytical CRM: A Marketing-Driven Organizational Transformation.

BOON, O.; CORBITT, B.; PARKER, Craig. Conceptualising the Requirements of CRM from an Organisational Perspective: A Review of the Literature.

SAMPAIO, C. H.; PERIN, M. G. Indicadores Tecnológicos y Organizacionales del Customer Relationship Management (CRM): Relación entre Firma Desarrolladora, Firma Usuaria y Preceptos Teóricos.

CAMPBELL, A. J. Creating Customer Knowledge Competence: Managing Customer Relationship Management Programs Strategically.

CHURCHILL, G.; PETER, J. P. Marketing: Creando Valor Para los Clientes.

CROTEAU, A.-M.; LI, Peter. Critical Success Factors of CRM Technological Initiatives.

DWYER, F. R.; SCHURR, P. H.; OH, Sejo. Developing Buyer-Seller Relationships.

Gestión de la Gobernaza TI de Cleber de Souza de projectoseti.com.

La Táctica en la Gestión TI de Cleber de Souza de projectoseti.com.

BSC en la Gestión de TI de Renato Cunha de projectoseti.com

El verdadero valor de la información de Danilo Gallo de projectoseti.com.

Business Intelligence de Daniel Henrique Rodrigues de Oliveira de projectoseti.com.

Dashboard de Proyectos de Fabricio Nascimiento.

Governança Corporativa e as melhores práticas: estudo de caso de uma organização não governamental de Mota, N. R. & Ckagnazaroff, I. B.

Terceirização de Serviço de TIC: uma avaliação sob o ponto de vista do, de Prado, E. P. V.

Effective governance of IT: design objectives, roles, and relationships Information Systems Management de Rau, K.

Don`t Just Lead, Govern: How Top-Performing Firms Govern IT, de Weill, P.

Don`t Just Lead, Govern: Implementing Effective IT

Governance. Massachusetts: MIT. 2002.

Willcocks, L., Feeny, D. & Olson, N. Implementing Core IS Capabilities: Feeny - Willcocks IT Governance and Management Framework Revisited. European Management Journal, de Weill, P. & Woodham, R.

Outsourcing: transaction cost economics and Supply Chain Management. Journal of Supply Chain Management, de Williamson, O. E.

Information Technology Governance in Information Technology investment decision processes: the impact of investment characteristics, external environment, and internal context. De Xue, Y., Liang, H., Boulton, W. R.

Case study research: design and methods de Yin, R. K.

The promise and peril of integrated cost systems, de Cooper, R. y Kaplan, R. S.

Lo Antes, Durante y Post-implementación de un ERP en una PME, de Costa, José.

Administración de Sistemas de Información, de O'Brien, James. McGraw Hill.

SAP: integrated information systems and the implications sea management accountants, Management Accounting, de Scapens, R. W. y Jazayeri, M. y Scapens, J.

Principios de Sistemas de Información: Un punto de Vista desde la Gestión, de Ralph M. Stair, George Reynolds.

ERP life-cycle-based reserch, de Esteves J., Pastor J. A.

Enterprise Resource Planning Systems and Accountants, de Caglio, A.

ERP systems: la life cycle model. Proceedings of BALAS, de SOUZA C., ZWICKER R.,

Ciclo de Vida de Sistemas ERP, Cadernos de Investigación en Administración, de SOUZA César; ZWICKER R.

Modelo de Desarrollo de Architecturas de Sistemas de Información, Tesis de Doutoramiento, de Tomé P. R.

ERP. La Espina Dorsal de la E-Empresa, de Silva Firmino, Alves A. José.

Putting the Enterprise into the Enterprise System, de Davenport. T.H.

ACERCA DE LOS AUTORES

Este curso ha sido elaborado por Antonio Villa, Alejandro Puerta y Roberto Núñez.

Antonio Villa es un Consultor TI especializado en sistemas ERP y CRM en el entorno empresarial. Desde hace más de 10 años se dedica al mundo de la formación, realizando formaciones a profesionales del mundo de TI.

Alejandro Puerta es un consultor TI con experiencia el campo de los procesos de desarrollo y mantenimiento de software desde 2010.

Desde el año 2013 también es docente y formador de formadores en el área de las Tecnologías de la Información y las comunicaciones.

Roberto Núñez es un consultor freelance con más de 10 años de experiencia en la implantación y consultoría de soluciones ERP para grandes empresas y multinacionales.

Esperamos que este libro le ayude a mejorar personal y profesionalmente y que le ayude a tener una mejor y más amplia visión del mundo del software ERP.

IT Campus Academy

tu editorial tecnológica